Westernreiten

Basistraining für Einsteiger, Umsteiger und deren Reitlehrer

Step by Step

von

George Maschalani

George Maschalani

Westernreiten

Basistraining für Einsteiger, Umsteiger und deren Reitlehrer

Step by Step

Bearbeitung: Friederike Fritz

Western Pferde Journal

Westernreiten – Step by Step
ISBN 3-932504-26-7

Fotos: Archiv Kaiser, Helmut Niklas, Christiane Slawik
Titelfoto: Christiane Slawik
Bildauswahl und Grafik: Julia Kaiser

Bearbeitung: Friederike Fritz
Lektorat: Gabriela Hellwig
Satz und Repro: AD Service GmbH, Butzbach
Titelgestaltung: die satzmanns, Saarbrücken
Druck: Silber Druck GmbH, Niestetal-Heiligenrode

Meiner Lebensgefährtin Julia Kaiser besten Dank
für die unermüdliche Mithilfe bei der Entstehung dieses Buches.

Inhalt

Vorwort 1
Gedanken zum Pferd
Gedanken zur Reitweise

Warum Westernreiten? 3

Horsemanship - was ist das? 5

„Westernreiten" - „Englischreiten" 6
Der historische Unterschied
Die Versammlung

Das Westernpferd - ein anderes Pferd? 9

Das geeignete Pferd - wie finde ich das? 11

Der Idealtyp des Westernpferdes 12
Das Exterieur
Das Interieur
Der Ausbildungsstand

Der geeignete Reiter 18

Der geeignete Reitlehrer 19

Der Ausbildungsbetrieb und das Schulpferd 19

Die Ausrüstung des Pferdes 22
Der Sattel
Der Sattelgurt
Das Pad
Das Kopfstück
Die Zügel
Die Gebisse
Gebißlose Zäumung
Gamaschen
Abschwitzdecke

Das System 35
Die Grundgangarten
Der Bewegungsablauf
Der Schritt
Der Trab
Der Galopp
Das Rückwärtstreten
Die Bodenarbeit
Das Longieren
Lektion 1
Lektion 2: Longieren mit dem Halsverlängerer
Lektion 3: Der Dreieckszügel

Vorbereitung zum Satteln 46

Das Satteln 46

Das Aufzäumen 49

Das Führen - so lernt es das Pferd von Anfang an 51

Das Aufsitzen 58
Sitzen im Gleichgewicht
Die Hand- und Zügelhaltung
Das Sitzen
- im Schritt
- im Trab
- im Jog
- beim Leichttraben
- im Galopp
Die Galopphilfen
Das Durchparieren
Das Anhalten
Das Rückwärtsrichten

Die Lenkung - Kontrolle der Vorhand des Pferdes 68
Die Zügelhilfen
Die Gewichtshilfe zur Unterstützung der Lenkung
Hilfengebung auf dem unerfahrenen Pferd
Die Hilfengebung zur korrekten Lenkung im Überblick
Richtige Ausführung und Korrektur
Die Übungen
Die Bahnordnung

Die Versammlung 75
Die Kontrolle der Hinterhand – Schenkelhilfen
Erste Übung
Lektion 1
Lektion 2

Die Vorhandwendung 86
Lektion

Die Hinterhandwendung 89
Lektion

Trainingslektionen 92
1. Das Vorwärts-Abwärts-Dehnen
Ausführung
Treten Probleme auf?
2. Das Nachgeben-Lassen im Genick
Ausführung
Treten Probleme auf?
Die Wirkung der Zügel
Treten Probleme auf?
3. Versammlung in Innenstellung
Ausführung
4. Sauber gerittene Zirkel
Die Problematik
Die Ausführung
5. Seitwärtsgänge – Schenkelweichen über eine Stange
Ausführung
6. Mittelhanddrehung im Stangen-Quadrat
Ausführung
7. Rückwärtsrichten durch das Stangen-L
Ausführung
8. Durchreiten eines Tores
Ausführung
9. Wie reite ich an Hindernisse heran, vor denen mein Pferd scheut?

Schlußwort 123

Der Autor - zur Person 124

Abbildungsnachweise 126

Gedanken zum Pferd

Leider wird das Reiten meist wie das Autofahren gelehrt: Tue dies, mache das – jetzt ziehen, da drücken etc., ohne Erklärung, warum diese Anweisungen erfolgen. Bei einem Auto – einer immer gleich funktionierenden Maschine – mag diese schematische Betriebsanleitung funktionieren; und wenn das Auto kaputt ist, kommt es in die Werkstatt. Die gibt es an jeder Ecke, und es rentiert sich nicht, sich selbst in die Materie zu vertiefen. Von Fachleuten repariert, bekommt man es zur Benutzung zurück.

Beim Pferd sieht es da schon anders aus. Zum einen ist jedes Pferd eine Persönlichkeit und „funktioniert" im Rahmen der naturgegebenen Grundeigenschaften individuell. Schema F der Bedienungsanleitung klappt also nicht immer. Zum anderen können wir es nicht „eben mal schnell" in die Werkstatt geben, wenn etwas nicht funktioniert. Das ist auch nicht nötig, denn wenn wir seine Motorik und Art zu denken verstanden haben, können wir es selbst „reparieren" bzw. „Reparaturen" durch pferdgerechte Behandlung vorbeugen.

Als ich mit dem Reiten begann und zum großen Teil aus Büchern und Videos lernte, vermißte ich immer genauere Erklärungen für die Praxis, z. B. wenn ein Autor schrieb „Schenkeldruck ausüben" oder „Zügel annehmen", wußte ich nie, wieviel „Ziehen" oder „Drücken", wie schnell, wie kurz oder lang der Zügel - und vor allem, warum? Selten wird erklärt, wie man agieren muß, wenn das Pferd nicht reagiert, und eigentlich wird nie gesagt, daß und wann man aufhören muß, wenn das Pferd etwas gut gemacht hat. Es fehlt die „Materialkunde". Arbeitsmaterialien sind hier das Pferd und seine Ausrüstung.

Wie halte ich die Zügel, ohne daß sich etwas verheddert, wie steige ich am sichersten auf usw... All diese Dinge bezeichne ich als die „handwerklichen Griffe", mit denen ein Trainer arbeitet und die, wie in jedem Handwerk, notwendig sind, um fachgerecht ein Ziel zu erreichen.

Diese Grundlagen und Verfahrensweisen mußte ich mir selbst erarbeiten, erspüren, so wie alle „Reitwilligen", die mehr wissen und können wollen, als ein Schulpferd zu „bedienen".

Aufgrund dieser Erfahrungen bin ich in meinem Buch auch auf das „Warum" und nicht nur auf das „Wie" eingegangen. Ich erkläre, warum eine Hilfe gegeben wird und warum sie beim Pferd aufgrund seiner physischen und psychischen Beschaffenheit funktioniert. Und ich gehe auf die scheinbar nebensächlichen Kleinigkeiten und Handgriffe, die aber den Umgang mit dem Pferd so enorm erleichtern, ein.

Gedanken zur Reitweise

Während der Wochenendkurse, die ich in den letzten Jahren in Europa abgehalten habe, mußte ich immer wieder feststellen, daß 90 Prozent der Teilnehmer den bedeutenden Unterschied zwischen der „klassischen" Reitweise und dem Westernreiten nicht verstanden haben. Obwohl die meisten von ihnen das Westernreiten schon eine längere Zeit betrieben hatten, waren sie sich der Idee, die hinter dieser „anderen" Reiterei steckt, nicht bewußt.

Dieses Buch soll dem Einsteiger, dem Umsteiger und dem Freizeitreiter im Westernsattel die Unterschiede der beiden Reitweisen aufzeigen, damit er schon frühzeitig beurteilen kann, worauf es beim Training ankommt und nicht – wie so viele –

Zeit, Geld und Interesse verliert, bis er kompetente Anleitung von einem wirklich qualifizierten Ausbilder bekommt.

Gerade beim Westernreiten, das in Deutschland eine relativ junge Sportart ist, schießen selbsternannte Trainer wie Pilze aus dem Boden. Ihre Qualifikation als Ausbilder ist oftmals fragwürdig. Da es beim Westernreiten keinen allgemein gültigen Ausbildungsweg zum „Reitlehrer" gibt, kann der Laie in der Regel nicht einschätzen, ob er tatsächlich einen qualifizierten Trainer vor sich hat.

Besonders jene, deren Namen in der Szene gänzlich unbekannt sind und die behaupten, vom Turniersport nichts zu halten, sind mit Vorsicht zu genießen. Andererseits ist wiederum nicht jeder erfolgreiche Turnierreiter ein begnadeter Lehrer.

Auch beim Westernreiten gilt: Ein Reitlehrer, der seine Botschaft nicht vermitteln kann, ist kein Fachmann auf seinem Gebiet. Die Unsitte, die Schüler entweder mit Fachausdrücken zu bombardieren oder sie zu behandeln, als seien sie Wesen mit besonders niedrigem Intelligenzquotient, ist häufig anzutreffen.
Viele, besonders die Umsteiger, die den noch immer weit verbreiteten Militärston der deutschen Reitschulen gewohnt sind, trauen sich nicht, Dinge, die sie nicht verstehen zu hinterfragen, und die Unzufriedenheit, die sie von der konventionellen Reiterei in die Arme des Westerntrainers getrieben hat, setzt sich fort...

Dieses Buch ist für alle geschrieben, die Wert darauf legen, Ihren Ein- oder Umstieg zur Westernreiterei von Anfang an in die richtigen Bahnen zu lenken und die ernsthaftes Interesse am Westernreiten haben.

Mit der richtigen, gewissenhaften Einweisung ist jeder in der Lage, die Vorzüge dieser „etwas anderen" Reitweise zu begreifen und zu genießen.

Viel Spaß beim Lesen!

Warum Westernreiten?

Fragt man einen Westernreiter – Anfänger und Fortgeschrittene gleichermaßen –, warum sie sich für diese Reitweise entschieden haben, dann erhält man größtenteils sich ähnelnde Antworten.

Freiheitsgefühl und Zwanglosigkeit im Umgang mit dem Partner Pferd stehen für die meisten im Vordergrund. Die Ruhe und Ausgeglichenheit der Westernpferderassen begeistert sowohl Ein- als auch Umsteiger.

Besonders die Umsteiger vom „Englischreiten" wollen den gewohnten Befehlston und das ewige Abteilungsreiten in der Reithalle hinter sich lassen. Sie suchen nach einer Alternative und sind beeindruckt von der Leichtigkeit des Westernreitens. Der lange Zügel, die weich zu sitzenden, langsamen Gänge, die Beweglichkeit und der Gehorsam der Westernpferde überzeugt all diejenigen, die jahrelang mit Stechtrab und Durchgehen im Gelände, meterlangen Hilfszügeln und Unberechenbarkeit ihrer Rösser zu kämpfen hatten.

Mit dem Aufkommen des Westernreitens in Deutschland hat sich in den letzten Jahren auch die Einstellung zur Reiterei und zum Pferd stark verändert: Viele suchen in der Reiterei einen Ausgleich zum Alltag, wollen entspannt nach Feierabend einen Ausritt durch Wald und Feld machen, statt sich in der Halle mit endlosen Bahnfiguren zu quälen. Dafür wünschen sie sich ein nervenstarkes, gut zu sitzendes und einfach zu handhabendes Pferd.

Das Miteinander und der Spaß am Pferd stehen im Vordergrund. Diese Einstellung setzt sich in der Pferdehaltung fort: Im Western- und Freizeitreiterbereich dominieren Ställe, in denen artgerechte Haltung zum Wohl des Pferdes im Vordergrund steht.

Die Art, ein Westernpferd auszubilden und zu halten, macht es zu einem verläßlichen, ausgeglichenem und gehorsamen Partner. Der Begriff „Horsemanship", den es erst seit dem Aufkommen der Westernreiterei in Deutschland gibt, spiegelt am deutlichsten die Einstellung zum Pferd und zur Reiterei wider.

Horsemanship – was ist das?

Die selbstverständliche Art, mit einem Pferd umzugehen, stammt aus den USA, wo noch heute in vielen Teilen des Landes die Gebrauchsreiterei im Vordergrund steht. Der Cowboy ist darauf angewiesen, mit seinem (Arbeits-)Partner Pferd optimal zu kommunizieren, sich oftmals blind, ohne offensichtliche Hilfengebung mit ihm zu verstehen. Aus dem alltäglichen Umgang mit dem Partner Pferd hat sich ein Miteinander zwischen Mensch und Tier entwickelt, das auf dem Verständnis für das Verhalten des Pferdes basiert.

Was in der der klassisch-deutschen Reitweise der alte Rittmeister war, ist für die Westernreiterei der erfahrene Horseman, der durch jahrelange Beobachtung der natürlichen Verhaltensweisen des Pferdes jede Reaktion versteht und dieser im Umgang mit dem Pferd begegnen kann. Basierend auf dem Wissen, daß es sich beim Menschen um ein Raubtier, beim Pferd jedoch um ein Fluchttier handelt und daß der Mensch sein Verhalten auf das des Pferdes einstellen muß, hat der Horseman eine harmonische Beziehung im Einverständnis mit seinem Pferd.

Dieses Einverständnis strebt der Westernreiter an, und zwar nicht nur im unmittelbaren Umgang mit dem Tier, sondern auch bezüglich dessen Haltung und Umfeld. Möglichst artgerechte Unterbringung in einer pferdegerechten Umgebung mit sozialem Kontakt steht im Vordergrund und geht Hand in Hand mit einer Ausbildung, die das natürliche Verhalten des Pferdes für sich nutzt und nicht zu unterdrücken versucht. Ziel des Horseman ist, eine Vertrauensbasis zu schaffen, um das Pferd frei von Angst und Druck schulen zu können. Der Horseman begegnet dem Pferd mit Liebe, Achtung und Respekt und ist sich der Verpflichtung und Verantwortung, die diese Partnerschaft mit sich bringt, stets bewußt.

Der Begriff Horsemanship ist von Horseman abgeleitet; er kann jedoch nicht wörtlich übersetzt werden. Am ehesten läßt sich Horsemanship als die Kunst, mit einem Pferd als Einheit zu harmonisieren, beschreiben, wobei die pferdegerechte Behandlung und Schulung des Tieres vor den Leistungsinteressen des Menschen stehen.

„Westernreiten" – „Englischreiten"

Der historische Unterschied

Das Westernreiten entstammt einer Zeit, als das Pferd vor dem Haus so selbstverständlich war wie heute das Auto – als Fortbewegungsmittel und „Arbeitsgerät". Daraus entwickelte sich ein sehr natürlicher Umgang und eine einfache, für jedermann nachvollziehbare Handhabung des Pferdes. Zunächst war das Pferd Mittel zum Zweck, das Reiten an sich Nebensache; funktionieren mußte es. Einfach und bequem für den Reiter, schonend fürs Pferd, denn es sollte ja – wie jedes andere wertvolle Arbeitsgerät – möglichst lange „halten".
Sowohl für die Bequemlichkeit des Reiters als auch für die Gesundheit des Pferdes ist es unerläßlich, daß es „rund", d. h. versammelt und im Gleichgewicht geht.
Die Klassische Reitkunst ist, wie der Name schon sagt, eine Kunst. Das Reiten als Selbstzweck, als Erbauung, zum Zeitvertreib. Umso kunstvoller die Lektionen, desto besser. Und auch dies ist nicht ohne Versammlung möglich.

Die Versammlung

Beide Reitweisen haben die Versammlung des Pferdes zum Ziel. Im Zustand der Versammlung ist das Pferd „rund", d. h. die Vorhand ist aufgerichtet mit gebogenem Hals, während die Hinterbeine so tief unter den Körper treten, daß sie in den Spuren der Vorderbeine laufen.

Die gesamte Rückenlinie des Pferdes ist leicht nach oben gewölbt. Durch diese Haltung erreicht das Pferd sein vollkommenes Gleichgewicht, seine Bewegungen wirken gelöst, harmonisch und schwungvoll. Auch in freier Natur zeigt sich diese „Abrundung" des Pferdes in der Bewegung.

Alle Reitstile – gleichgültig, um welche es sich handelt – streben eine Gymnastizierung des Pferdes an, mit deren Hilfe die verhaltens- und körpergerechte Entwicklung des Pferdes seiner Natur entsprechend vervollkommnet wird.

Beim Englischreiten wird die stete Versammlung des Pferdes durch permanentes „An-die-Hilfen-Stellen" erreicht: Durch treibende Kreuz- und Schenkelhilfen wird das Pferd zum Vorwärtsgehen und zum „Untertreten" veranlaßt, während der anstehende Zügel, der eine weich federnde Verbindung zwischen Pferdemaul und Reiterhand darstellt, für Kopf und Hals eine Begrenzung nach vorne darstellt.

Durch dieses Zusammenspiel von Hilfen entsteht eine „Einrahmung" des Pferdes, es tritt mit den Hinterbeinen unter seinen Schwerpunkt, rundet den Rücken und gibt im Genick nach. Ein spannungsfreier, losgelassener Bewegungsablauf mit Schwung aus der Hinterhand geht mit der Versammlung einher. Ein in Versammlung gerittenes Pferd ist aufgrund des Gleichgewichtes, in dem es sich befindet, für weitere Hilfen des Reiters durchlässig.

Auch beim Westernreiten wird diese Versammlung und damit die Durchlässigkeit des Pferdes angestrebt. Während im herkömmlichen Reitstil die Versammlung des Pferdes durch andauernde Hilfengebung erreicht wird, basiert die Versammlung im Westernreiten auf einem anderen Lernprinzip.

Um in die Versammlung zu kommen, erhält das westerngerittene Pferd anfänglich ebenfalls einrahmende Zügel- und Schenkelhilfen. Sobald es jedoch den gewünschten Rahmen eingenommen hat und diesen einhält, hört die Hilfengebung auf. Das heißt, der

Zügel wird nachgegeben, die Schenkel treiben nicht länger. In dem Moment, in dem das Pferd aus dem Rahmen herausfällt, setzen die Hilfen sofort erneut ein, bis die Versammlung wieder erreicht ist.

Dieser Vorgang wiederholt sich so lange, bis das Pferd die Botschaft verstanden hat und sich am lockeren Zügel im angestrebten Rahmen selbst trägt. Hat das Pferd gelernt, sich im Gleichgewicht zu tragen, erübrigt sich eine Anlehnung an die Zügelhand.

In den Dressuraufgaben selbst wird das Westernpferd mit völlig anderen Zielen als beim Klassisch-Reiten ausgebildet: Hier steht die ursprüngliche Gebrauchsreiterei im Vordergrund, die es notwendig macht, daß das Pferd durch minimale Hilfengebung in der Lage ist, Aufgaben selbständig, aber korrekt auszuführen. In der täglichen Arbeit mit dem Pferd ist es notwendig, daß die Verständigung zwischen Reiter und Pferd ohne ständige Hilfengebung funktioniert. Auf kleinste Impulse des Reiters hin muß das Pferd schnelle, enge Wendungen ausführen, aus hohem Tempo anhalten, die Richtung wechseln usw. Oftmals hat der Reiter keine Hand frei und dirigiert das Pferd nur durch Gewichts- und Schenkelhilfen.

Ein anschauliches Beispiel ist der Vergleich zwischen Turnaround und der gelaufenen Hinterhandwendung: In beiden Reitweisen soll das Pferd die Vorderbeine überkreuzen und so um die Hinterhand herumlaufen. Das äußere Hinterbein „läuft" dabei um das auf der Stelle tretende, innere Hinterbein herum. In der Klassischen Reitweise wird das Pferd durch ständige Hilfengebung Schritt für Schritt durch die Wendung geritten.
Beim Westernreiten lernt das Pferd in der Ausbildung einen bestimmten Befehl für die Wendung. Gibt der Reiter dann den erlernten Befehl, so führt das Pferd diesen so lange selbständig aus, bis dieser Befehl durch einen weiteren wieder aufgehoben wird. Diese Art von Hilfengebung nennt man **Signalreitweise.**
Schon hier wird deutlich, daß der Anspruch an das dressurmäßige Reiten in beiden Reitweisen völlig verschieden ist. Während in der Klassischen Dressur das Pferd durch permanente Hilfengebung in jeder Bewegung kontrolliert und geführt wird, ist das Pferd beim Westernreiten darauf geschult, auf minimale Signale hin Aufgaben möglichst selbständig auszuführen. Kein Reiter kann bei der hohen Geschwindigkeit eines Spins (mehrere schnelle Hinterhandwendungen hintereinander) die einzelnen Beinbewegungen seines Pferdes aktiv beeinflussen.

Allerdings darf die Signalreitweise nicht falsch verstanden werden: Auch der Westernreiter hat sein Pferd ständig unter Kontrolle. Westernreiten heißt nicht, mit weggestreckten Beinen auf dem Pferd zu sitzen und gelegentlich mal den einen oder anderen „Knopf" zu drücken!

Das Westernpferd - ein anderes Pferd?

Aus den unterschiedlichen Ansprüchen, die an die beiden Reitweisen gestellt werden, resultieren unterschiedliche Ansprüche an das Pferd.

Während ein großrahmiges Warmblutpferd mit hoher Knieaktion und schwungvollen Gängen für die Dressurreiterei erwünscht ist, und auch den Zweck dieser Reiterei erfüllt, so stellt sich der Westernreiter ein völlig anderes Pferd vor.

Das Pferd der Gebrauchsreiterei – und als solche versteht sich die Westernreitweise – muß dem Reiter ermöglichen, auch über einen längeren Zeitraum hinweg angenehm zu sitzen. Ein Dressurpferd, welches stetig mit körperlichem Aufwand an die Hilfen gestellt werden muß, um versammelt und somit angenehm auszusitzen zu sein, erfüllt diesen Anspruch nicht.

Ein Westernpferd zeichnet sich deshalb durch flache Knieaktion verbunden mit einem minimal schwingenden Rücken aus, wobei die Vorderbeine beim Laufen raumgreifend, aber bodennah ausholen. Auf diese Weise kann das Pferd kraftsparend lange

Die flachen Bewegungen eines Pleasurepferdes.

Strecken zurücklegen. Dem Reiter erlaubt dieser Gang ein ermüdungsfreies Reiten über einen längeren Zeitraum.

Dem Untertreten wird auch beim Westernreiten große Bedeutung beigemessen, da die Wendigkeit des Pferdes größer ist, je besser es unter seinen Schwerpunkt tritt. Der Hinterfuß soll mindestens bis unter die Senkrechte des Knies nach vorne treten.

Eine gute Bemuskelung erleichtert es dem Pferd, in seiner natürlichen Versammlung zu laufen und ermöglicht ihm, auch mit einem schweren Reiter im Gleichgewicht zu bleiben.

Um die für die Gebrauchsreiterei wichtige Wendigkeit zu gewährleisten, muß das Pferd kompakt gebaut sein und sollte eine bestimmte Größe nicht überschreiten.

Neben den körperlichen Eigenschaften, die ein gutes Westernpferd ausmachen, gibt es charakterliche Merkmale, die das Westernpferd als verläßlicher (Arbeits-)Partner aufweisen muß.
Man wünscht sich ein intelligentes Pferd, das arbeitswillig und ehrlich ist. Nervenstärke, Mut und Ausgeglichenheit sind für den Cowboy im täglichen Ranchalltag ebenso wichtig wie für den deutschen Cowboy, der auf seinem Pferd „nur" durch Wald und Feld streifen möchte.

Hier schließt sich der Kreis bei der Überlegung, warum das Westernreiten seit Jahren immer beliebter wird: Aus der amerikanischen Gebrauchsreiterei stammend zeichnet sich das Westernreiten durch eine Selbstverständlichkeit im Umgang mit dem Partner Pferd aus. Je selbstverständlicher und alltäglicher die Beschäftigung, desto zwangloser und angenehmer wird der Umgang zwischen Mensch und Pferd.

Und eben diese Zwanglosigkeit im Umgang, verbunden mit Eleganz und Leichtigkeit in der Reiterei bietet vielen Reitern die gesuchte Alternative.

Das geeignete Pferd – wie finde ich das?

Noch heute kursiert die weitläufige Meinung, jedes Pferd eigne sich für die Western-Ausbildung oder für die Umstellung auf die Westernreitweise. Daß dies nicht der Fall ist, sollte nun deutlich geworden sein.

Es ist jedoch in der Tat nicht unbedingt zwingend, einen typischen Vertreter der Westernpferderassen anzuschaffen, wenn man diesen Reitstil betreiben möchte. Eine Vielzahl von Rassen oder Kreuzungen eignet sich sehr gut zum Westernreiten, und mehr als einmal wurde erfolgreich bewiesen, daß man es auch mit „untypischen" Westernpferden sogar im Turniersport weit bringen kann. Andererseits gibt es Rassen bzw. Typen, die aufgrund ihres Körperbaus oder ihrer Charaktermerkmale für diese Reitweise völlig ungeeignet sind.

Für den Ein- und Umsteiger, der bereits stolzer Pferdebesitzer ist, stellt sich nun die Frage, ob es Sinn macht, den Vierbeiner umzustellen. Niemand käme auf die Idee, einen schweren Norweger in die hohe spanische Schule einzuweisen; ebenso kritisch und realistisch sollte man auch bezüglich der Wahl seines Westernpferdes sein.

Es soll in diesem Buch nicht darum gehen, für die Vertreter der typischen Westernrassen zu werben; es geht einzig und allein darum, ein Pferd nach seiner Eignung für den jeweiligen Verwendungszweck – hier das Westernreiten – zu beurteilen. Und da sollte jeder Pferdebesitzer ehrlich sich selbst und dem Pferd gegenüber sein.

Wer sich bewußt darüber ist, daß sich sein Pferd nur bedingt eignet, sollte sich auch im klaren darüber sein, daß er reiterlich sehr schnell an die Grenzen stößt und erhebliche Abstriche hinsichtlich der Ausbildungsmöglichkeiten machen muß. Wer das Westernreiten ernsthaft betreiben möchte oder gar Turnierambitionen hat, sollte in diesem Fall überlegen, ein gutes Plätzchen für sein Pferd zu finden, wo dieses seinen Möglichkeiten entsprechend geritten wird.

Besonders glücklich können sich diejenigen schätzen, die zu ihrem altgedienten Freizeitpferd, welches über ein bestimmtes Ausbildungstadium nicht hinauskommt, ein solide ausgebildetes Westernpferd hinzukaufen können.

Der Idealtyp des Westernpferdes

Bei der Suche nach dem geeigneten Pferd sollte nicht die subjektiv empfundene Schönheit oder gar die Farbe im Vordergrund der Betrachtung stehen, sondern immer der Gesamteindruck hinsichtlich der Harmonie des Körperbaus und des jeweiligen Rassetyps.

für die Westernreitweise prädestiniert. Aber auch wenn keine dieser Rassen in Frage kommt, so gehe man stets auf die Suche nach einem Pferd, das den für das Westernreiten geeigneten Typ und Körperbau mitbringt und von dem man sich vorstellen kann, daß es die Ansprüche an Charakter und Beweglichkeit erfüllt.

Mit dem Idealtyp – in unserem Fall dem Quarter Horse – vor Augen, fällt es nicht mehr schwer, ein geeignetes Pferd auszusuchen.

Werbeplakat der AQHA, ein Gemälde von Orren Mixer, welches den Idealtyp eines Quarter Horse zeigt.

Wer beabsichtigt, ein Pferd zu kaufen, sollte bestimmte Bilder „vor dem geistigen Auge“ haben, nach denen er sein Pferd auswählt.

Als Westernreiter bevorzugt man meist die Rassen Quarter Horse, Paint oder Appaloosa, wobei das Quarter Horse als das Westernpferd schlechthin gilt. Aufgrund von Körperbau, Typ, Bewegung und Wesensmerkmalen ist diese Rasse aufgrund jahrelanger Auslese

Das Exterieur

Der Körperbau des Pferdes - übrigens gleichgültig, ob typisches Westernpferd oder eine andere Rasse - muß harmonisch sein, d.h., die einzelnen Körperteile müssen zueinander passen, so daß sie im Ganzen ein ausgewogenes Bild abgeben. Die eigentliche Körpergröße spielt dabei eine untergeordnete Rolle. Wichtig ist das Gleichgewicht, die Harmonie.

Der Kopf sollte im Größenverhältnis zum Körper passen. Plumpe oder stark ramsnasige Köpfe widersprechen unserem Schönheitsideal, wir suchen ein Pferd mit „trockenem", edlem Kopf, der für die meisten geeigneten Rassen typisch ist.

Die Augen sind klar, ihr Ausdruck gutmütig und furchtlos. Eine weiß umrandete Iris ist bei manchen Rassen - z. B. bei den Appaloosas das sog. Menschenauge - typisch und darf nicht als Charakterfehler gewertet werden. Bei anderen Rassen sind weiße Augenränder jedoch nicht normal, und Pferde, die ihre Augen ständig aufgerissen haben, sind häufig charakterlich nicht einwandfrei.
Matte Augen sind ein Zeichen mangelnder Gesundheit!

Die Nüstern sollen in ihrer Größe zur Proportion des Kopfes passen. Sie sollen weich und entspannt sein. Aufgeblähte Nüstern mögen zwar edel aussehen, könnten aber auf ein nervöses Pferd hindeuten.

Ganaschenfreiheit bezeichnet die Verbindung zwischen Kopf und Hals. Diese Verbindung sollte fein, das Genick beweglich sein. Pferde mit ungenügender Ganaschenfreiheit haben Schwierigkeiten, beim Reiten in der Versammlung im Genick nachzugeben.

Der Hals darf nicht zu kurz und nicht zu dick sein, damit das Pferd auch hier in den Versammlungsphasen leicht nachgeben kann. Ein dicker, kurzer Hals erschwert dem Reiter die Einwirkung und behindert durch seine Unbeweglichkeit das optimale Gleichgewicht des ausbalancierten Pferdes. Der Hals soll sich, weder zu hoch noch zu tief in die Schulter einpassen. In Ruhestellung sollte er waagerecht bis leicht gewöhlbt ansteigend getragen werden. Ein hoch gereckter Hals deutet möglicherweise auf ein verpanntes, aber in jedem Fall schwer zu versammelndes Pferd hin. Ein stark ausgeprägter Unterhals ist ein Hinweis auf ein schlecht gerittenes Pferd, bzw. ein Pferd, das ständig gegen die Reiterhand kämpft.

Der Brustkorb soll zwar nicht sehr breit, dafür aber tief und lang sein. So bietet er genügend Raum für eine optimale Herz- und Lungentätigkeit.

Der Widerrist ist gut ausgeprägt, lang und zum Rücken hin schräg verlaufend. So bietet er eine gute Sattellage. Für Pferde mit zu hohem Widerrist oder ohne deutliche Ausprägung einen passenden Sattel zu finden, ist häufig sehr problematisch.

Die Schulter wird besonders hinsichtlich ihrer Winkelung beurteilt: Ein Pferd, dessen Schulter steil gewinkelt ist, hat einen kurzen Schritt, während ein Pferd mit einer flacher gewinkelten Schulter eine größere Schrittlänge zeigt. Pferde mit steiler Schulter und kurzen Schritten sind nie bequem zu sitzen, häufig ist ihr Gang unelastisch und stockend. Der Winkel sollte außerdem zur Winkelung der Fesselgelenke passen. So kann der Bewegungsapparat Stösse optimal abfangen.

Die Hinterhand: Je schräger die Linie der Kruppe verläuft, desto besser kann das Pferd seine Hinterbeine unter den Schwerpunkt bringen, also untertreten. Eine runde und von der Seite gesehen lange Hinterhand ermöglicht dem Pferd kraftvolle Bewegungen.

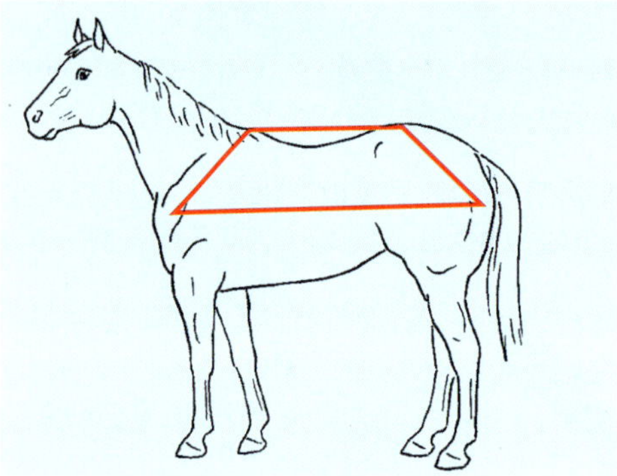

Schulterblatt und Hüftknochen sollen ein „Trapez" bilden.

Schulter- und Hüftknochen sollten im gleichen Winkel zur Rückenlinie stehen, so ist das Pferd am besten ausbalanciert und es ist ihm leichter möglich, sich im Gleichgewicht zu tragen.

Die Vorderbeine bilden von vorne gesehen zwei gerade Linien, die parallel zueinander verlaufen. Eine gedachte senkrechte Linie verläuft durch das Schultergelenk und halbiert die Gliedmaße und den Huf. Der Abstand zwischen den Hufen mißt idealerweise eine Hufbreite. Von der Seite gesehen soll ein aus der Mitte des Schulterblattes gefälltes Lot durch das Ellbogengelenk, das Vorderfußwurzelgelenk sowie das Fesselgelenk verlaufen und hinter dem Ballen auf dem Boden enden.

Die Hinterbeine bilden ebenso von hinten gesehen zwei gerade Linien und stehen parallel zueinander, auch hier soll zwischen den Hufen eine Hufbreite Abstand sein. Von der Seite aus gesehen berührt ein vom Ansatz der Schweifrübe gefälltes Lot die hintere Seite des Sprunggelenkhöckers, verläuft dann parallel mit der hinteren Röhre und trifft hinter dem Fesselgelenk auf den Boden. Sowohl die Hinter- als auch die Vorderbeine eines Westernpferdes sollten gut bemuskelt sein. Im Gegensatz zu Pferden, die ausschließlich auf Ausdauer und Schnelligkeit gezüchtet werden und deren Muskeln lang und flach sind, benötigt das Westernpferd Muskeln, die zudem kraftvoll kurze, plötzliche Wendungen unterstützen. Dafür hat es gut ausgeprägte Muskeln, besonders die sog. „Gaskins" an der Innenseite der Hinterbeine. Diese halten beispielsweise die Hinterbeine beim harten Sliding Stop zusammen in einer Spur.

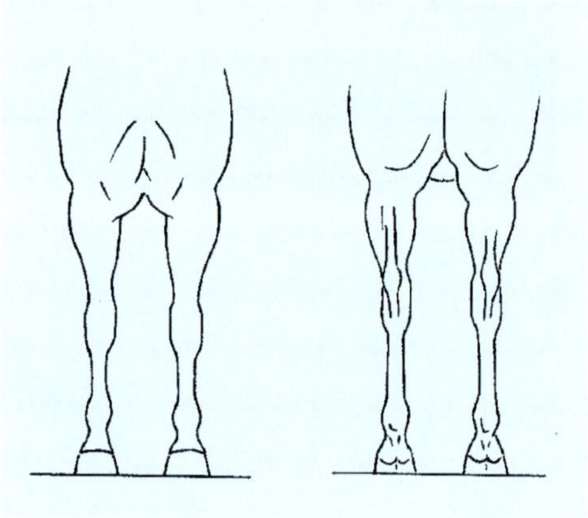

Die Vorderhand *Die Hinterhand*

Die Fessel- und Hufstellung ist ideal, wenn - wie bereits oben beschrieben - Fesselgelenke und Hufe jeweils von vorne bzw. hinten gesehen durch die gedachte senkrechte Linie in der Mitte geteilt werden. Knickt die Senkrechte im Fesselgelenk nach außen ab, so spricht man von einer zehenweiten Stellung, knickt sie nach innen, so spricht man von zehenenger Stellung.
Eine leichte Zehenweite ist bei vielen Pferden anzutreffen, sie ist durchaus akzeptabel. Lediglich an den Hinterbeinen kann sie beim Reiningsport, besonders im „Sliding-Stop" problematisch werden, da die Hinterbeine beim Sliden (Gleiten im Stop) oftmals auseinanderrutschen können. Die Fesseln eines Westernpferdes wünscht man sich eher kurz, da man ein insgesamt kurzes, stabiles Bein bevorzugt. Lange Fesseln federn zwar den Schwung besser ab, sind aber auch anfälliger und für die direkte Kraftübertragung bei schnellen Wendungen weniger geeignet.

Die Hufe sollen oval sein, nicht zu spitz und nicht zu stumpf. Der Vorderhuf ist meist runder und etwas breiter als der Hinterhuf. Die Hufgröße soll passend zur Körpergröße des Pferdes sein, ein kräftiges, schweres Pferd hat größere Hufe als ein zierliches. Es wird oft behauptet, ein spitzer Hinterhuf könne besser sliden; beweisen läßt sich dies allerdings nicht, und so sollte man einer gesunden Idealform den Vorzug geben.Die Hornsubstanz der Hufe sollte hart, dabei jedoch nicht spröde sein.

Die Röhren und Sehnen an den Beinen sollen klar und deutlich definiert sein, schwammige Sehnen, dicke Beine und angelaufene Gelenke sollten gründlich vom Tierarzt untersucht werden, wenn das betreffende Pferd in die engere Wahl gezogen wird. Für die Länge der Röhre gilt das gleiche wie für die Länge der Fessel. Man wünscht sie sich kurz und kräftig. Das Westernpferd soll „tief am Boden" arbeiten, die Beine stets unter sich haben. Beim Cutting und in der Reining sieht man dies sehr deutlich: Die Sprunggelenke berühren bei manchen Manövern fast den Boden. Da wären lange Beine oftmals hinderlich; die Übungen wären aufgrund des längeren Hebels auch anstrengender für das Pferd.

Die Gelenke sollten insgesamt zum Knochenbau des Pferdes passen. Im Verhältnis zum Muskelapparat wenig ausgeprägte Gelenke können später Problemstellen werden. Besonders das Sprunggelenk sollte von der Seite aus gesehen breit und stark ausgeprägt sein.

Überbeine und Gallen sind auch bei jungen Pferden häufig anzutreffen, wobei sie von Fall zu Fall auf einen weichen Knochenbau, zu frühe oder zu starke Beanspruchung hindeuten können.
Der Tierarzt sollte hier im Einzelfall zu Rate gezogen werden; er kann beurteilen, inwieweit ein Überbein oder Gallen spätere Probleme mit sich bringen könnten. Überbeine sind Auftreibungen am Knochen, meist durch einen Schlag oder Überlastung entstanden, Gallen sind weiche oder harte Verdickungen oder Auftreibungen im Sehnenscheidenbereich, ähnlich wie Schleimbeutel.

Der Bewegungsablauf: Von vorne und hinten gesehen treten die Hufe beim Laufen in allen Gangarten in zwei parallel zueinander verlaufenden Spuren. Dabei dürfen sie weder einen Bogen nach außen noch nach innen beschreiben, da sonst ein Stellungsfehler des Vorderfußwurzel- oder Fesselgelenkes vorliegt.
Die Bewegungen sollten flüssig sein, geprägt durch Antrittsstärke und korrekte Mechanik der Gliedmaßen. So muß, wenn das Pferd im Schritt auf hartem Boden geführt wird, ein klarer, regelmäßiger Viertakt zu hören sein, im Trab ein Zweitakt. Im Galopp sollte das diagonale Beinpaar, welches gleichzeitig vorschwingt, ebenso gleichzeitig am Boden auf- und abfußen. So ist der gewünschte Dreitakt im Galopp gewährleistet. Mit diesen einfachen Maßnahmen kann auch der Laie den regelmäßigen Bewegungsablauf nachvollziehen.

Das für die Westernreitweise ideale Pferd zeichnet sich durch flache Bewegungen aus. Durch geringen Raumverlust zum Boden ist so ein Vorwärtskommen mit minimalem Kraftaufwand möglich: Das Pferd hebt das Vorderbein an, dieses schwingt leicht gewinkelt nach vorne und streckt sich wieder in der Vorwärtsbewegung. Bereits kurz vor dem Auffußen auf den Boden ist das Bein wieder gestreckt. Je flacher dieser Vorgang ausgeführt wird, d. h. je weniger das Vorderfußwurzelgelenk in die Höhe gezogen wird, desto angenehmer ist die Bewegung für den Reiter.
Bei den Hinterbeinen ist darauf zu achten, daß diese in der Bewegung weit unter den Körper des Pferdes treten, mit dem Sprunggelenk bis mindestens unter das Kniegelenk.

Nach hinten sollten die Hinterbeine nicht über das Lot hinwegtreten, welches gedanklich vom Ansatz der Schweifrübe gefällt wird. Bewegt sich die Hinterhand des Pferdes auf diese Weise, so geht das Pferd im Gleichgewicht; es trägt sich selbst.
Die Rückenlinie sollte sich beim Laufen nur minimal auf und ab bewegen. Je schwächer die Auf-Abwärts-Bewegung ist, desto bequemer und einfacher ist das Pferd auszusitzen.
Am deutlichsten erkennt dies der Laie, indem er sich am Horizont orientiert, wenn er das Pferd von der Seite aus in der Bewegung beobachtet. Auch der Hals des Pferdes darf in der Bewegung nicht auf und ab schwingen. Er bleibt in allen drei Gangarten in der vom Reiter gewünschten Position. So ist gewährleistet, daß sich das Pferd frei aus der Schulter bewegt und nicht den Hals hochheben muß, um seiner Schulter freien Raum zum Vorgreifen zu gewähren.
Ein „Beweger“, wie er eben beschrieben wurde, ist durch seinen Körperbau auf natürliche Weise ausbalanciert, seine Bewegungen sind auch am langen Zügel flüssig und harmonisch. Für den Reiter minimieren sich bei einem solchen Pferd die Versammlungsarbeiten!

Der „Beweger“: Auch im freien Galopp auf der Koppel – flache Aktion der Vorderbeine und gut untersetzende Hinterbeine.

Das Interieur

Unter dem Interieur versteht man das Wesen, den Charakter eines Pferdes. Besonders für den Einsteiger ist es wichtig, ein Pferd zu finden, das ehrlich, gutmütig und leistungsbereit ist. Dies sind die wichtigsten Voraussetzungen für Spaß am Pferd und am Reiten. Nervenstärke und Ruhe sind weitere Wesenszüge, die Ihr Traumpferd mitbringen sollte.
Ein offensichtlich nervöses Pferd wird Ihnen im Gelände und in vielen, unvorhersehbaren Situationen wenig Freude bereiten, und der fromme Wunsch, dieses Verhalten könne man mit viel Geduld und Liebe „aberziehen“, hat schon viele Reit- und Pferde-Neulinge in große Schwierigkeiten gebracht. Ebenso sollte man Pferde, die - aus welchem Grund auch immer - schlagen oder beißen, strikt aus der engeren Wahl nehmen.
Natürlich ist nicht auszuschließen, daß all diese „Problempferde“, die preisgünstig zu haben sind, von erfahrenen Pferdeleuten „geheilt“ werden können, aber diese Aufgabe sollte auch wirklich diesen überlassen werden. Sie als Einsteiger suchen ein „Verlaßpferd“, keinen Sparring-Partner.
Zum Thema „Ruhe“ noch ein Tip: Seien Sie wachsam, wenn Ihnen ein besonders ruhiges Pferd vorgeführt wird, welches auf Sie einen eher apathischen Eindruck macht.
Es gibt Fälle, in denen sich lammfromme Tiere nach zwei Tagen im neuen Stall plötzlich als schreckhaft oder gar bösartig entpuppten.
Mit Beruhigungspulver oder gar -spritzen können nervöse oder bösartige Pferde schnell und über einen gewissen Zeitraum in sanftmütige Schmusetiere verwandelt werden. Vermeiden Sie unnötigen Ärger und besuchen Sie das Pferd einfach ein zweites Mal - diesmal ohne Voranmeldung...

Der Ausbildungsstand

Der Ausbildungsstand Ihres Wunschpferdes sollte zu Ihrem reiterlichen Können passen. Deshalb ist ausgiebiges Probereiten auch wichtig. Natürlich ist es möglich, daß Sie beim ersten Ritt nicht hundertprozentig mit dem ins Auge gefaßten Pferd zurechtkommen; eine Basis der gegenseitigen Verständigung muß jedoch vorhanden sein!
Besonders für Einsteiger gilt:

Der beste Lehrmeister für den Reiter ist ein solide und voll ausgebildetes Pferd!

Eine typvolle zweijährige Quarter-Horse-Stute

Der geeignete Reiter

Sicherlich werden Sie sich jetzt verwundert fragen: Was soll das? Natürlich hätten Sie jetzt nicht dieses Buch vor sich, wenn Sie sich nicht als Reiter oder als potentieller Reiter verstünden.

Verinnerlicht man jedoch einmal die vielen Bilder, die man häufig auf Turnierplätzen aller Reitweisen, aber auch in jedem örtlichen Reitverein zu sehen bekommt, so versteht man schnell den Sinn dieses Abschnittes.

Vor allem die Verfechter der Westernreitweise schmücken sich mit dem schon erläuterten Begriff der Horsemanship. Einfühlungsvermögen, Fairneß, Geduld und vor allem Selbstbeherrschung sollten für jeden von uns Reitern selbstverständlich sein. Der Horseman sucht die Fehler immer zunächst bei sich selbst. Er läßt eigene Unzulänglichkeiten niemals am Pferd aus.

Weiterhin zeichnet sich der Horseman durch Verantwortungsbewußtsein besonders für seinen Partner Pferd, für dessen körperliches und seelisches Wohlbefinden er sorgen muß, aber auch gegenüber seinen Mitreitern und deren Pferden aus. Er geht beim Reiten - gleichgültig ob in der Bahn oder im Gelände - keine Risiken ein, die ihn, sein Pferd oder irgendjemand anderen gefährden könnten.

Auch wenn es für den Laien meist nicht danach aussieht: Der Reiter muß körperlich fit sein, denn in gewisser Weise ist Reiten auch anstrengend. Gewicht und Größe spielen eine untergeordnete Rolle; sie müssen jedoch zu den Proportionen des Pferdes passen. Ein weiterer Punkt, der nicht unterschätzt werden darf, ist das Konzentrationsvermögen. Wer glaubt, mit Draufsetzen und Losreiten sei es beim ruhigen Westernpferd getan, der irrt. Gerade bei der dressurmäßigen Arbeit, aber auch beim Ritt durch Wald und Feld muß man bei der Sache sein. Entspannung und Spaß gehen stets mit Konzentration einher, wenn man die richtige Anleitung erhält.

Der geeignete Reitlehrer

In der Anfangsphase der Reitausbildung ist ein guter Lehrer die Grundvoraussetzung für optimales Lernen. Wichtig ist, daß er Wissen verständlich vermitteln kann - und zwar während Sie auf dem Pferd sitzen. Theoretiker bringen Sie nicht weiter.

Ihr Lehrer hat idealerweise fundierte Erfahrung in der Ausbildung von Pferden. So fällt es ihm leichter, nicht nur die Schulpferde, sondern auch die eigenen Pferde der Reitschüler richtig einzuschätzen. Er darf weder Sie noch Ihr Pferd überfordern. Dazu benötigt er neben reiterlichen auch pädagogische Fähigkeiten, deren Wichtigkeit gerade beim Westernreiten oftmals verkannt werden. So ist dann auch nicht jeder erfolgreiche Turnierreiter oder Trainer ein begnadeter Lehrer, der sein Fachwissen schülergerecht weitergeben kann. Stellt sich bei Ihnen das Gefühl ein, trotz regelmäßigen Unterrichts nicht weiterzukommen, liegt dies in den meisten Fällen am Lehrer, der nicht fähig ist, sein Fachwissen zu vermitteln.
Stetes Dazulernen gilt natürlich nicht nur für die Reitschüler - auch Ihr Lehrer ist nicht perfekt. Weiterbildung ist hier das passende Stichwort: Erkundigen Sie sich, ob sich Ihr Reitlehrer von Zeit zu Zeit bei anderen Trainern weiterbilden bzw. korrigieren läßt. Scheuen Sie sich nicht, nachzufragen, wo er seine Kenntnisse erworben hat. Gerade in der Westernreit-Szene gibt es unzählige reiterlich schwache Ausbilder, die meinen, mit unbedarften Reitschülern die schnelle Mark machen zu können. Deshalb ist auch Vorsicht vor Trainern, die nur Pferde „made in USA“ vorstellen und im Stall haben, geboten: Diese Tatsache heißt noch lange nicht, daß sie in der Lage sind, Pferde und Reiter korrekt und erfolgreich auszubilden.
Selbstausgebildete Pferde, die in Europa erfolgreich vorgestellt werden, sind meist ein Zeichen dafür, daß der betreffende Trainer sein Handwerk versteht und nicht auf die Vorarbeit der Profis aus Amerika angewiesen ist. Wichtig ist, daß Ihr Trainer individuell auf Sie und - falls Sie es mitbringen - auf Ihr eigenes Pferd eingehen kann. Ein Ausbilder, der nur auf Schulpferden unterrichten kann, bringt Sie, wenn Sie bereits ein Pferd besitzen, nicht weiter.

Wenn Sie einen Lehrer gefunden haben, von dem Sie meinen, er könne Ihnen die Basis des Westernreitens vermitteln, dann bleiben Sie eine Weile bei ihm.
Zu frühes Wechseln des Trainers kann den Ein- oder Umsteiger schnell verwirren, da es beim Westernreiten kein festes Regelwerk, z. B. für die Hilfengebung, gibt. Der Fortgeschrittene, der schon mehrere Stile kennengelernt hat, wird sich irgendwann für den einen oder anderen entscheiden und hat ein besseres Verständnis für diese „Artenvielfalt“.

Der Ausbildungsbetrieb und das Schulpferd

Besonders beim Westernreiten ist es sehr schwer, einen geeigneten Ausbildungsstall zu finden, in dem Unterricht auf Schulpferden angeboten wird. Abteilungsreiten mit zehn Pferden, die brav in der Abteilung vor sich hin trotten, gibt es praktisch nicht. Das ist auch nicht das, was der Westernreiter sucht. In kleinen Gruppen mit möglichst individuellem Unterricht lernt der Ein- und Umsteiger am besten. Reine Anfänger, die noch nie auf einem Pferd saßen, sollten ihre ersten Versuche an der Longe machen. Ein guter Ausbildungsstall bietet auch diese Unterrichtsform an, damit der Reiter sich zunächst voll und ganz auf sich und seinen

Sitz konzentrieren kann, ohne das Pferd kontrollieren zu müssen.

Wenn Sie einen Ausbildungsstall anschauen, achten Sie darauf, welchen Eindruck die Anlage macht: Stall, Sattelkammer, Reitplatz und -halle sowie die gesamten Außenanlagen sind Aushängeschild des Betriebes. Sie sollten in sauberem, gepflegtem Zustand sein. Reitplatz und -halle müssen sicher umzäunt sein, Stacheldraht oder herausstehende Nägel sind ein Armutszeugnis für jeden Betrieb!

Die Unterbringung der Schulpferde sollte ebenso gepflegt sein wie die der Privatpferde. Ein Betrieb, der seine Schulpferde in schlecht gemisteten Boxen oder gar Ständern hält, ist abzulehnen. Schauen Sie sich die Schulpferde genau an: Wenn diese müde und apathisch erscheinen, geschwollene Beine, weiße Flecken am Widerrist (deutet auf Satteldruck hin) oder andere Verletzungen haben und dennoch im Schulbetrieb eingesetzt werden, dann suchen Sie schleunigst das Weite! Noch immer kommt es leider vor, daß Schulpferde unter unwürdigen Verhältnissen mit mangelnder Pflege und medizinischer Betreuung gehalten werden, um in kurzer Zeit möglichst viel Geld einzutreiben.

Ihr Schulpferd sollte einen munteren, zutraulichen Eindruck machen und sich überall anfassen lassen. Es läßt sich willig putzen, satteln und auftrensen. Unter dem Sattel ist es ruhig und ausgeglichen, so daß Sie sich auf den Unterricht konzentrieren können. Unausgeglichene oder zu temperamentvolle Pferde stören den Unterricht ebenso wie zu ruhige Pferde, die von ihrem Reiter ständig vorwärts getrieben werden müssen. Auf solchen Pferden fällt es schwer, einen ruhigen, sicheren Sitz zu erlernen. Das Schulpferd sollte gehfreudig sein, feinfühlig auf die Hilfen reagieren und auf Zügelzug im Genick nachgeben. Zu sensible Pferde eignen sich jedoch nicht als Anfänger-Schulpferde.

Eine solide Grundausbildung ist natürlich die wichtigste Voraussetzung für ein Schulpferd. Hüten Sie sich vor Ställen, in denen Reitschüler junge, unerfahrene Pferde mit mangelnder Ausbildung reiten. Diese Pferde können zwar durchaus ruhig und zuverlässig sein, aber der Schüler lernt nichts - er bewegt lediglich für den Trainer die Pferde!

Schauen Sie sich einige Reitstunden im Stall Ihrer Wahl an, bevor Sie dort beginnen.
Als Zuschauer können Sie recht gut beurteilen, ob die Art des Unterrichtes zu Ihnen paßt, ob die Pferde geeignet und dem jeweiligen Ausbildungsstand des Reiters angepaßt sind.
Die zugeteilten Schulpferde sollten außerdem zu Gewicht und Körpergröße der jeweiligen Reiter passen. Vom Verhalten der Pferde während der Reitstunde können Sie auch darauf schließen, ob diese für eventuelle Geländeritte geeignet wären.
Pferde, die schon in der gewohnten Umgebung scheuen und schreckhaft sind, taugen für Geländeritte mit Reitschülern nichts.

Der Unterricht findet in einer Halle oder auf einem sicher eingezäunten Platz mit gut bereitbarem Boden statt. Eine offene Wiese oder eine Matschkoppel sind keine Orte, auf denen professioneller Reitunterricht erteilt werden kann. Der Platz muß so groß sein, daß in allen Gangarten sicher und bequem geritten werden kann. Je kleiner die Fläche, desto weniger Pferde dürfen in der Bahn sein.

Die Ausrüstung des Pferdes

Der Sattel

Noch immer hält sich hartnäckig das Gerücht, ein Westernsattel passe auf jedes Pferd und werde lediglich durch eine mehr oder weniger dicke Polsterung an den Pferderücken angepaßt. Dies gilt, und auch dann nur begrenzt, für qualitativ hochwertige Sättel. Ein anatomisch richtig geformter Baum paßt auf nahezu alle Pferde mit einem normalen, der Optimalform ähnlichen Rücken. Man muß hierbei jedoch bedenken, daß die Sattelhersteller vom optimalen Rücken eines Quarter Horses ausgehen.
Hat man ein Pferd, dessen Rücken stark von dieser Norm abweicht, z. B. einen Warmblüter oder ein kugelrundes Pony, so muß man sich auf eine lange, sorgfältige Suche nach dem passenden Sattel einrichten. Kleine Abweichungen von der normalen Paßform, die allein schon durch jahreszeitlich bedingten, wechselnden Fütterungs- und Trainingszustand auftreten können, kann man durch verschiedene Sattelunterlagen durchaus ausgleichen.
Richtig ist jedoch, daß auch der Westernsattel sorgfältig und hinsichtlich der Paßform für Pferd **und** Reiter ausgewählt werden muß.
Nur so lassen sich Rückenprobleme, die meist durch einen schlecht passenden Sattel hervorgerufen werden, bei Pferd und Reiter gleichermaßen verhindern.
Wichtig ist deshalb, daß der Sattel unter zwei Gesichtspunkten ausgesucht wird: Während die untere Seite, die Auflagefläche, dem Pferd passen muß, sollte die obere Seite, die Sitzfläche, für den Reiter angenehm und dauerhaft bequem sein.

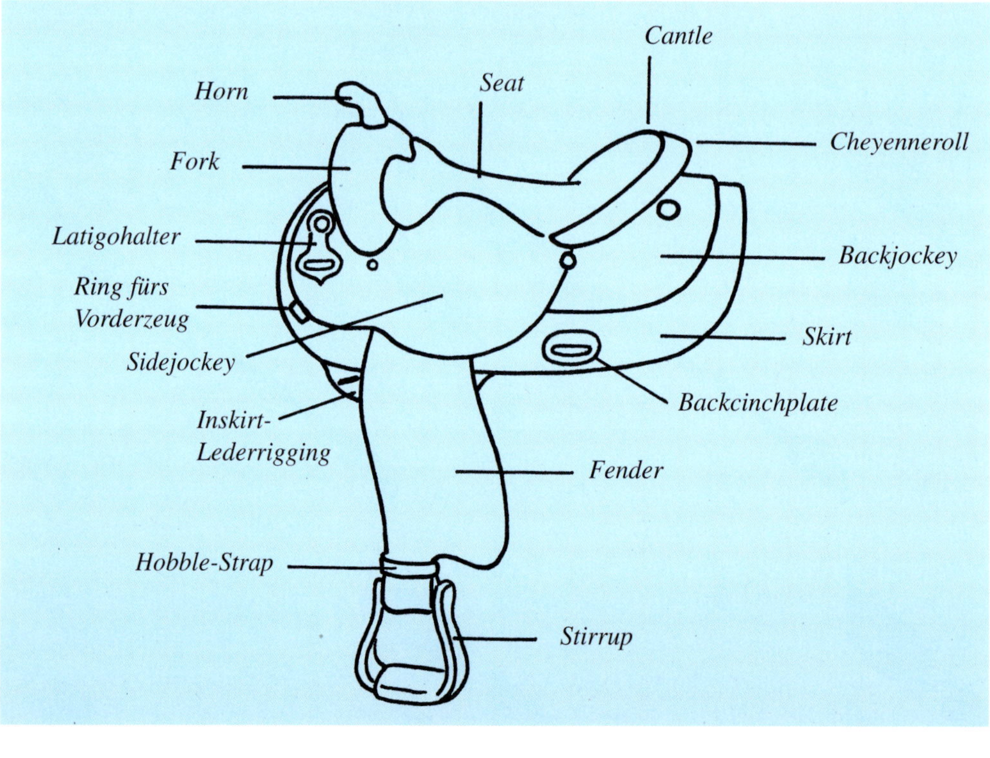

Der Sattelbaum

Die Basis jedes Sattels ist der Sattelbaum. Seine Größe bestimmt die Länge und Breite der Sitzfläche sowie die Paßform für den Pferderücken. Der Baum beschreibt die Grundform des Sattels; alle übrigen Teile des Sattels sind mit ihm verbunden.

Das Vorderteil - die „Fork (Gabel) - und der hintere Teil, das „Cantle", sind durch zwei längliche, der Form des Pferderückens angepaßte „Bars" miteinander verbunden. Die „Bars" liegen rechts und links von der Wirbelsäule auf dem Pferderücken auf, die Wirbelsäule selbst bleibt frei. Die Breite von „Fork", „Cantle" und „Bars" bestimmt die Paßform des Sattels. Im großen und ganzen gibt es drei Baumbreiten (Winkelungen): „Regular" für schmale Pferde, „Semi Quarter" für ein normal gebautes Quarter Horse und „Full Quarter" für besonders breite Pferde. Außerdem werden noch Araber-Bäume angeboten, die sich jedoch weniger über die Breite des Baumes als durch die Länge der Bars definieren. Diese sind beim Araber-Baum etwas kürzer, meist auch verbunden mit abgerundetem Skirt, dem Round Skirt. Hat man kein extrem kurzes Pferd, sollte man auf jeden Fall einen Baum mit möglichst langer Auflagefläche wählen, er verteilt das Reitergewicht besser, zu früh endende Bars drücken dem Pferd in die Lenden. Am häufigsten werden auf dem hiesigen Markt „Semi-Quarter"-Bäume angeboten.

Die „Fork", die hinter der Schulter aufliegt, gibt dem Sattel Halt und verhindert seitliches Rutschen, das „Cantle" begrenzt den Sattel nach hinten und dient dem Reiter als Stütze (sie ist von unten leicht gerundet und passt genau in die Mulde hinter dem Schulterblatt). Je höher das „Cantle" ist, desto fester und mit weniger Bewegungsfreiheit sitzt der Reiter. Während Reiter, die lange Geländetouren absolvieren oftmals ein hohes „Cantle" schätzen, wählen Reiter, die viel Gymnastizierung und Dressurarbeit mit ihren Pferden absolvieren, flache „Cantles", da sie sich im Sattel besser bewegen können. Die „Bars" sind je nach Breite der „Fork" kleiner oder größer gewinkelt.

Da diese Winkelung sich über die gesamte Länge des Sattels erstreckt, ergibt sich bei einer kleinen Winkelung eine schmale Sitzfläche, bei einer großen Winkelung eine breite Sitzfläche, was zur Konsequenz hat, daß breite Sättel, die auf kräftige Pferde passen, für Reiter mit schmalem Becken oft unbequem zu sitzen sind. Auch die Längswölbung der Bars ist zu beachten. Sie muß der Kurve des Pferderückens entsprechen. Sind die Bars zu stark gewölbt, liegt der Sattel nur in der Mitte auf und wippt, wenn man auf die Fork oder die Cantle drückt. Sind sie zu gerade, so liegt er in der Mitte hohl.

Die Sitzfläche

Die Sitzlänge wird in Inches gemessen und reicht je nach Hersteller von 13 bis 17 oder gar 18 Inches. Eine 13-Inch-Sitzfläche reicht für ein Kind aus, für Erwachsene kommen Sättel ab ca. 15 Inch aufwärts in Frage.
Sehr kräftige Erwachsene benötigen bis zu 18 Inch, um bequem sitzen zu können. Hier ergibt sich jedoch die Problematik, daß sehr lange Sättel häufig auf den Lenden des Pferdes aufliegen und somit zwar für den Reiter bequem sind, für das Pferd dabei aber schmerzhaft sein können.
Die Sitzbreite wird, wie bereits erwähnt, maßgeblich durch die Breite des Sattelbaumes bestimmt, so daß auch hier das Problem auftreten kann, daß der Sattel dem Pferd paßt, der Reiter aber unbequem, wenn nicht sogar schmerzhaft sitzt.
Hier wird deutlich, daß genaues Anpassen des Sattels sehr wichtig ist.
Meist ist jedoch auch bei unvorteilhaften Pferd-Reiter-Kombinationen ein passender Sattel zu finden, so daß auch der schmale

Reiter auf einem breiten Pferd glücklich werden kann. Ist unter den „Sätteln von der Stange" kein passendes Modell dabei, so sollte man sich von einem guten Sattler eine Maßanfertigung machen lassen.

Wie finde ich den richtigen Sattel?

Wichtig für den Reiter

Neben den schon erwähnten Gesichtspunkten hinsichtlich der Sattel- bzw. Sitzgröße spielen noch andere Entscheidungsfaktoren eine bedeutende Rolle bei der Sattelwahl:
Das Sattelhorn und die Fork sollten nicht zu hoch sein, damit sich die Zügel nicht darin verhängen können bzw. der Reiter nicht gezwungen ist, mit übermäßig hoher Hand zu reiten. Das Cantle darf, wenn man sich nach hinten lehnt, keine scharfen Kanten haben oder schmerzhaft gegen das Becken drücken. Es sollte so geformt sein, daß es in außergewöhnlichen Situationen - bei Bucklern oder im Gelände - nie zu Verletzungen kommen kann.
Zu hohe oder schlecht geformte Cantles können hier zu unangenehmen Steißbeinverletzungen führen! Optimal für die meisten Disziplinen des Turniersports und fürs Freizeitreiten ist der Reiningsattel; er ermöglicht einen korrekten Sitz und gute Handfreiheit. Die Sitzfläche kann aus Glatt- oder Rauhleder sein. Rauhleder gibt besseren Halt, wohingegen Glattleder größere Bewegungsfreiheit bietet. Es ist in jedem Fall angenehm, wenn die Sitzfläche abgepolstert ist. Die Steigbügel sollten so aufgehängt sein, daß ein gerader Sitz möglich ist. Auf keinen Fall darf die Steigbügelaufhängung so weit vorne angebracht sein, daß die Beine in den Stuhlsitz gezwungen werden! Schultergelenke, Gesäßknochen und Fersen sollten problemlos eine senkrechte Linie bilden können, wobei sich die Bügelriemen bei Hilfengebung frei und ohne großen Widerstand vor und zurück bewegen lassen müssen.

Optimal sind hierbei sogenannte „Slider" (Rutschleder), die zwischen Gurtung und Bügelriemen angebracht sind. Bei der Gurtung des Sattels gibt es drei Varianten:

Die „Offskirt Rigging", bei der der Ring des Gurtes auf dem Sattelleder aufliegt, die „Inskirt-Rigging", bei der der Ring in das Sattelleder eingelassen ist und die Dreiwege-Ledergurtung, bei der der Bauchgurtriemen durch drei ausgestanzte, mit Rohhaut verstärkte Laschen geführt wird (siehe Fotos).
Letztere Variante paßt sich am besten dem Pferdeleib an, da sie keine Metallteile besitzt und stört am wenigsten die Hilfengebung, sie muß allerdings sehr stabil verarbeitet sein. Bei den anderen Gurtungen ist darauf zu achten, daß sie die Bewegungsfreiheit der Steigbügelriemen nicht beeinträchtigen.

Reining- / Arbeitssattel:
Sehr gut geeignet für alle dressurmäßigen Disziplinen des Westernreitsports sowie das Freizeitreiten; setzt den Reiter korrekt hin.

Ropingsattel:
Stabiler Sattel für die Rancharbeit, für den dressurmäßigen Westernturniersport und die Freizeitreiterei jedoch ungeeignet, da er zu schwer ist.

Cuttingsattel:
Spezialsattel für Cutting, sehr hohes Horn zum Festhalten, dieses ist jedoch bei der dressurmäßigen Arbeit im Wege.

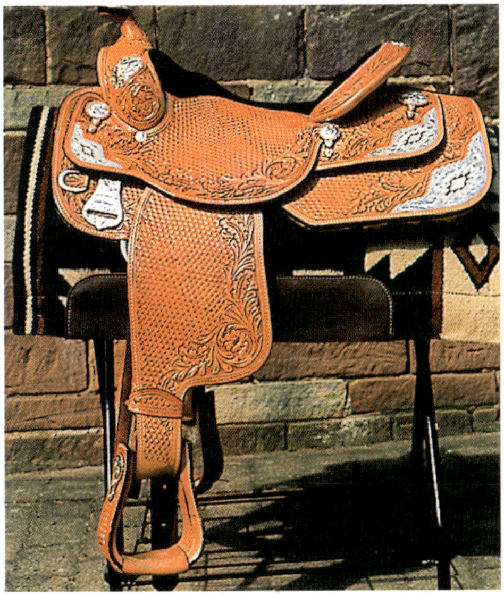

Pleasure-/ Showsattel:
Showsattel mit Reining / Allroundsitz, hier besonders verziert für Pleasure- bzw. Horsemanship-Klassen.

Dreiwege-Ledergurtung
Bei dieser Ledergurtung wird der Zug auf eine breite Fläche des Sattels verteilt, und die Riemen tragen nicht auf, da sie nebeneinander liegen. Daher stören sie die Steigbügelbewegung und das Reiterbein nicht.

Inskirtrigging:
Sehr tief angesetzte Inskirtrigging, dadurch relativ gute Bewegungsfreiheit des Fenders. Man sollte das Gurtlatigo jedoch so lochen, daß es nur einfach durch den Gurt-ring läuft und dadurch nicht so aufträgt.

Offskirtrigging:
Bei dieser Offskirtrigging sieht man deutlich, wie der Fender durch die Gurtung und den auf dem Skirt liegenden Ring in seiner Bewegungsfreiheit gestört wird.

Der Slider:
Optimalerweise wird eine Dreiwege - Inskirt- Lederrigging mit einem Slider abgedeckt, so läßt sich der Fender noch bewegen, ohne irgendwo zu haken.

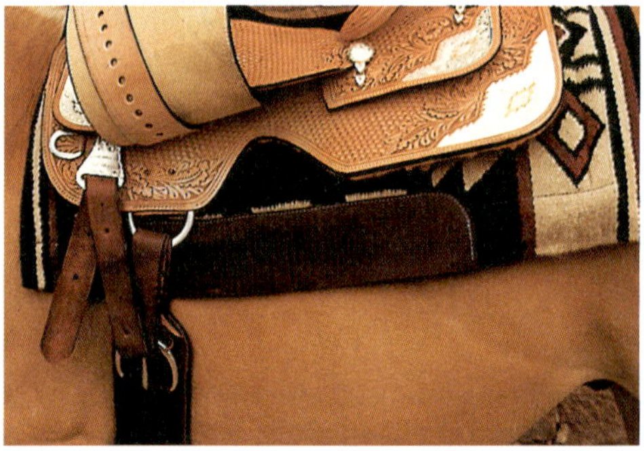

Cut-out-Sattel:
Durch den Einschnitt im Skirt unter dem Fender wird direkter Kontakt des Reiterbeins zum Pferd ermöglicht.

Full Double Rigging
Diese Rigging ist sehr stabil, sie wird immer mit einem hinteren Bauchgurt geritten, der eine Handbreit lose unter dem Leib hängen soll und mit einem Verbindungsriemchen am vorderen Sattelgurt befestigt wird. Konventionelle Gurtung - gut für die tägliche Rinderarbeit, aber ungeeignet für Turnier und Freizeit.

Wichtig fürs Pferd

Bevor Sie einen Sattel in die nähere Wahl ziehen, sollten Sie die äußere Verarbeitung genau anschauen: Die Unterseite des Sattels ist mit Fell abgepolstert. In der Regel besteht dieses Fell aus Kunstfaser oder - besonders bei hochwertigen Sätteln - aus reiner Wolle. Tasten Sie das Fell gewissenhaft ab: Es dürfen nirgends Schrauben oder gar Nägel zu fühlen sein, die sich durchdrücken können. Das Leder des Sattels sollte von guter Qualität sein. Kaufen Sie nach Möglichkeit keinen lackierten Sattel. Er bietet nur den scheinbaren Vorteil, daß er beim Ölen nicht nachdunkelt. Da er das Öl nicht annimmt, läßt er sich nicht geschmeidig halten, und das Leder wird trocken und spröde. Blättert der Lack dann irgendwann ab, ist es mit der Schönheit schnell vorbei. Nehmen Sie bei naturfarbenen Sätteln lieber die Farbveränderung, die durchs Ölen entsteht, in Kauf - Leder ist nun einmal ein Naturprodukt. Und das ist auch der besondere Reiz, daß sich das Leder im Laufe der Zeit verändert und der Sattel benutzt aussieht. Bei dunklen Sätteln sollte die Farbe durch intensives Ölen bzw. Durchfärbung des Leders entstanden sein, keinesfalls durch Lackierung. Übrigens: Auch bereits dunkel geölte Sättel werden mit der Zeit noch dunkler.

Der wichtigste Gesichtspunkt der Sattelwahl ist die Paßform auf dem Pferderücken, die maßgeblich durch die Länge, Breite und Form der Bars bestimmt wird. Sie sollen sich der Rückenlinie möglichst genau anpassen.

Der Sattelbaum kann aus verschiedenen Materialien gefertigt sein. Leichtere Sättel sind auf Kunststoffbäumen gefertigt, wobei es hier große Qualitätsunterschiede gibt. Von Billigplastik bis zum Raumfahrt-erprobten Glasfiberbaum ist alles erhältlich. Minderwertige Kunstoffe können bei Minusgraden sehr spröde werden, so daß bei stärkeren Stößen die Gefahr besteht, daß sie auseinanderbechen. Hochwertige Kunststoffbäume, die einen erheblichen Gewichtsvorteil gegenüber Holzbäumen bringen, liegen preislich nicht unter den Sätteln, die einen guten Holzbaum haben.

Holzbäume haben den Vorteil, daß sie absolut witterungsbeständig und - bei guter Verarbeitung - bruchfest sind. Gute Bäume sind in mehreren Schichten aufgebaut und verleimt und mit Rohhaut überzogen.

Billigmodelle haben häufig Bäume aus Preßspan-ähnlichem Material, das mit dünner Rohhaut oder Fiberglas überzogen ist. Bei diesen Modellen lösen sich schnell Schrauben und Nägel sowie Leder.

Der Satteltest

Folgende Methode hat sich hierbei bewährt: Legen Sie den Sattel mit einer gepolsterten Sattelunterlage (Pad) von normaler Dicke aufs Pferd und gurten Sie ihn fest. Er darf sowohl ungegurtet als auch gegurtet nicht rutschen oder kippen. Achten Sie darauf, daß der Sattel im vorderen Bereich nicht auf den Widerrist drückt und im hinteren Bereich nicht auf der Lende liegt. Oft wird behauptet, daß zwischen Widerrist und Fork eine Handbreit Platz sein muß.

Dieses Maß ist falsch.

Je tiefer der Sattel absinkt, desto besser wird das Gewicht über die Bars auf den Rücken verteilt. Der Sattel soll nicht ausschließlich oben auf dem Pferd aufliegen, sondern es umschließen. Wichtig ist, daß der Sattel mit Reitergewicht nicht auf dem Widerrist aufliegt, wobei zwei bis drei Zentimeter „Luft" zur Fork genügen. Zu viel Zwischenraum zwischen Widerrist und Fork deutet auf einen zu schmalen Baum hin, was bedeutet, daß das Pferd in der Schulter eingeengt wird. Greifen Sie von vorne mit Daumen und Zeigefinger von beiden Seiten in die Kammer des Sattels an den Widerrist: Ihre Finger müssen bequem Platz haben, auch wenn das Pferd den Hals biegt.

Spüren Sie Druck, dann ist die Fork zu eng.

Fahren Sie außerdem mit der flachen Hand unter die Vorderkante der Skirts: hier darf kein Druck aufs Schulterblatt zu spüren sein, Ihre Hand muß sich frei bewegen können, dann kann es die Schulter Ihres Pferdes auch. Überprüfen Sie dies auch, wenn das Pferd mit gesenktem oder gehobenem Kopf steht.

Erfüllt der Sattel diese Kriterien, dann reiten Sie das Pferd, bis es geschwitzt hat und unter der Sattellage naß ist. Wenn Sie den Sattel abnehmen und die Unterseite des Pads und den Rücken untersuchen, dürfen in dem Bereich, wo die Bars auflagen, keine trockenen Stellen zu sehen sein. Weist das Pad bzw. der Rücken, meist im Bereich der Fork, trockene Stellen auf, so drücken die Bars in diesem Bereich so stark, daß die Haut hier keinen Schweiß mehr absondern kann und trockene Stellen entstehen.
Ist der Druck - wie gewünscht - gleichmäßig auf die gesamte Sattellage verteilt, so ist das Pad gleichmäßig durchgeschwitzt. Ein so getesteter Sattel paßt, solange das Pferd nicht übermäßig zu- oder abnimmt.
Für einen guten Sattel mittlerer Preislage muß man ca. 3.000,- DM investieren. Für diesen Preis bekommen Sie ein qualitativ hochwertiges Stück, an dem Sie lange Zeit Freude haben werden.

Lassen Sie sich nicht von übermäßiger Verzierung, die zwar teuer, aber für den Alltagsgebrauch unnötig ist, beeindrucken. Ein schlichter Sattel, der die o.g. Kriterien erfüllt, leistet die besseren Dienste.
Hüten Sie sich vor Billigangeboten unter 2.000,- DM. Diese Importe aus Mexiko oder Südostasien sind meist von so schlechter Qualität, daß sie weder Ihnen noch Ihrem Pferd einen Gefallen damit tun.

Der Sattelgurt

Bauchgurte werden in den unterschiedlichsten Qualitäten und Materialien angeboten.
Auch hier gilt: Gute Qualität hat ihren Preis. Wichtig ist, daß der Gurt auch bei längerem Reiten - insbesondere wenn das Pferd schwitzt - nicht scheuert. Zu breite Gurte drücken oft, gerade bei Pferden mit schmaler Gurtlage, oder rutschen durch die Bewegung der Vorderbeine zu weit nach hinten.. Das gilt auch für übermäßig dicke, gepolsterte Gurte.

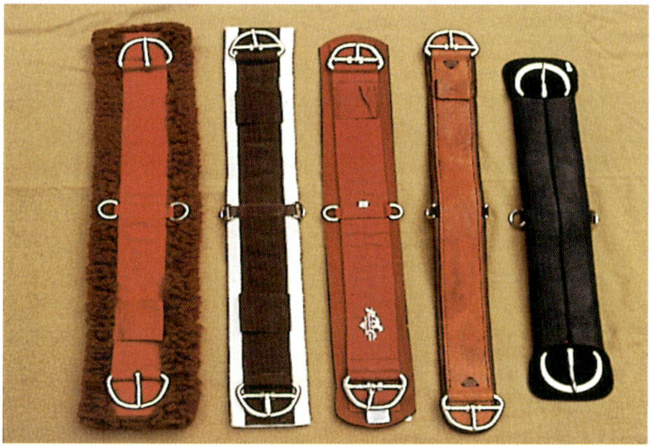

Von links nach rechts: Kodelgurt, Filzgurt, Neoprengurt bunt, Ledergurt, Neoprengurt

Hier die gängigsten Modelle:

Kodelgurt: Gut und meist noch günstiger als der Filzgurt, läßt sich in der Waschmaschine waschen, muß allerdings oft gewaschen werden, da er schnell verklebt und dann klumpt.

Filzgurt: Gut und nicht teuer, läßt sich trocken leicht ausbürsten, trocknet im Winter jedoch sehr schlecht, es sei denn, er hängt in einem geheizten Raum.

Neoprengurt: Sehr pflegeleicht, da abwaschbar, deshalb ideal, wenn man ihn für mehrere Pferde benutzen möchte.

Er ist jedoch sehr lichtempfindlich und wird dadurch schnell spröde.
Empfindliche Pferde können mit offenen Stellen auf das Neopren reagieren.

Ledergurt: Sehr pflegeintensiv und teuer, meist auch zu schmal geschnitten, wird durch Schweiß schnell brüchig.

Strippengurt: Unbrauchbar, die Metallschnallen sind nicht unterlegt und verursachen schnell Scheuerstellen.

Das Pad

Das Pad, die Sattelunterlage, dient der Polsterung zwischen Pferderücken und Sattel. Auch hier bietet der Markt eine große Vielfalt an: Vom einfachen Kodel-Pad (Kunstfell) bis zum aufwendig, mit Einlagen gepolsterten Wollpad ist alles zu haben. Bei der Wahl spielt neben dem individuellen Geschmack die Rückenbeschaffenheit des Pferdes eine wichtige Rolle. Kleine Gebäudefehler können mit einem entsprechenden Pad ausgeglichen werden, z. B. eingefallene Stellen hinter dem Schulterblatt oder eine extrem schmale Schulter. Hier werden Pads angeboten, die in diesem Bereich ausgepolstert sind.
Vorsicht ist bei im Widerristbereich ausgeschnittenen Pads angesagt: Bei schlecht verarbeiteten Pads rutscht das Filz mit der Zeit nach hinten, und es entsteht eine Kante, die am Widerrist einschneidet.

Das Kopfstück

Für die tägliche Arbeit sind Kopfstücke aus robustem Harnessleder oder gut verarbeitetem Latigoleder zu empfehlen.
Kopfstücke mit Stirnband und Kehlriemen eignen sich besonders zur Arbeit mit Trensengebissen, da sie rutschsicher anliegen. Benutzt man Stangengebisse, kann man auch Einohr- oder Zweiohr-Kopfstücke verwenden; bei Pferden, die zum Kopfschütteln neigen, empfehlen sich jedoch Modelle mit Kehlriemen, da diese nicht „abgestreift" werden können. Verzierungen aus Rohhaut oder Pferdehaar sind zwar im Turniersport schön anzusehen, für den täglichen Gebrauch aber zu empfindlich.
Wer allerdings auf Turniere gehen möchte, sollte sich neben dem Arbeitszaum noch eine „Showgarnitur" anschaffen, die farblich auf Sattel und Pad abgestimmt ist.
Dies ist zwar nicht vorgeschrieben, dient aber dazu, ein möglichst gepflegtes Bild abzugeben. Und Richter sind ja auch nur Menschen...

Die Zügel

Für die Zügel gilt das gleiche wie für das Kopfstück. Für die tägliche Arbeit haben sich Harnesszügel bewährt. Sie sollten 1 bis $1^1/_2$ cm breit sein und abgerundete Kanten haben, damit sie gut in der Hand liegen. Die Zügel sollten durch Laschen mit Lederbändern am Gebiß befestigt sein. Geschraubte Verbindungen können sich in der Bewegung lösen!

Die Gebisse

Das wichtigste Gebiß, das sowohl während der Ausbildung des Pferdes als auch zur späteren Korrektur zum Einsatz kommt, ist das Snaffle-Bit. Es entspricht in der Wirkung der hier bekannten Wassertrense, wobei es jedoch dünner ist, um das Pferd im Maul sensibler zu halten. Empfehlenswert sind sogenannte D-Ring-Snaffles, deren Ringe von der Seite wie ein angedeutetes D aussehen. Der D-Ring verhindert, daß das Gebiß durch das Pferdemaul gezogen werden kann. Auch der Übergang zwischen Mundstück und Gebiß ist hier weicher, die Verletzungsgefahr dadurch geringer. Idealerweise ist

das Mundstück aus rostendem Eisen: Aufgrund des leicht süßlichen Geschmackes wird es von Pferden gerne angenommen.
Das Snaffle-Bit kommt überall zum Einsatz und ist bei sachgemäßem Gebrauch das schonendste Gebiß. Es eignet sich zur Umstellung nicht-westerngerittener Pferde ebenso wie zur Gymnastizierung älterer Westernpferde und zum Anreiten junger Pferde. In der Regel wird das Snaffle-Bit beidhändig geritten, mit tiefen und breit auseinander gehaltenen Händen. Der höchste Punkt ist der Beckenknochen des Reiters. Je weiter die Ausbildung des Pferdes fortschreitet, desto mehr wandern die Hände zusammen. Schließlich geht man dann auf die einhändige Reitweise über, wechselt jedoch erst zum Stangengebiß, wenn das Pferd einwandfrei am Snaffle einhändig geht.

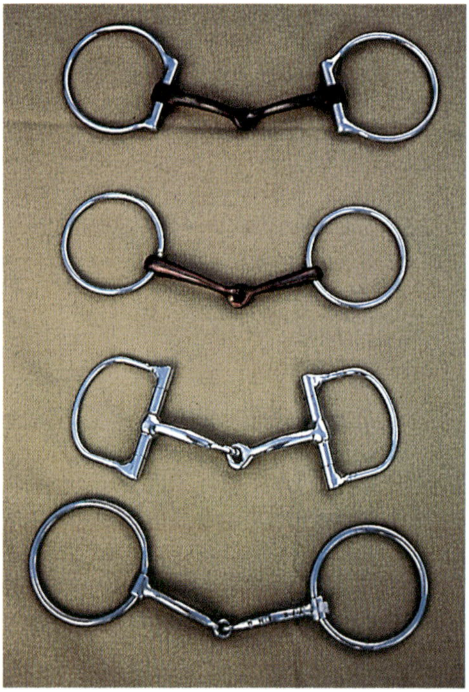

Von oben: D-Ringsnaffle mit Eisenmundstück (sehr empfehlenswert), einfaches Snaffle mit Kupfermundstück, Racing-D-Bit, vernickelt (ungeeignet), Sweetiron Snaffle mit Kupfereinlage (gut).

Stangengebisse - Shank-Bits

Da es in diesem Buch um die Grundausbildung von Pferd und Reiter geht, werden hier die Stangengebisse nur kurz der Vollständigkeit halber erwähnt. Sie gehören jedoch in die Hände erfahrener Reiter und erfordern vom Pferd einen bestimmten Ausbildungsstand.

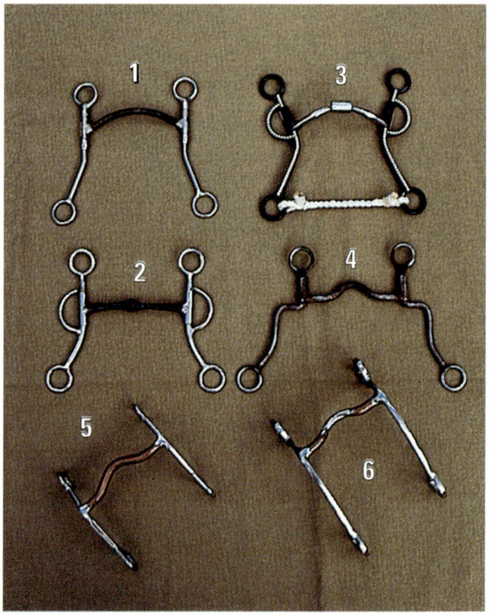

Gebräuchliche Shankbits mit leichter Zungenfreiheit und milderer Wirkungsweise:
1) Mullenmouthbit mit Loose Shanks (beweglichen Anzügen).
2) Snaffle Shanks (ein beliebtes Umstellungsgebiß).
3) Snaffle Shanks mit Röllchen (die mildere Variante der Nr. 2, da keine „Nußknackerwirkung“ wie beim Snaffle möglich).
4) 7-Shankbit mit kleiner Zungenfreiheit - loose Shanks in Form einer „7“ nach hinten gebogen, für Pferde, die die Unart haben, sich die Shanks ins Maul zu ziehen.
5)+6) Bits (Kandaren) mit starren Anzügen, ausschließlich zur einhändigen Zügelführung. Ein Gebiß für das fertig ausgebildete Pferd.

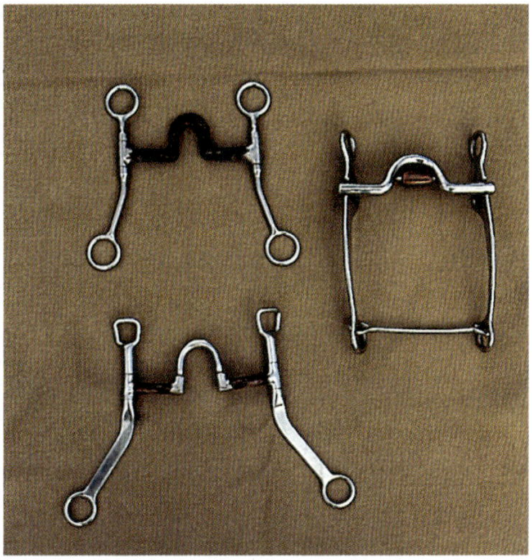

Korrekturgebisse, die in der Hand eines ungeübten Reiters nichts zu suchen haben.

Sidepull.

Gebißlose Zäumungen

Das Sidepull wird dem Anfänger häufig in den ersten Reitstunden in die Hand gegeben, damit er das Pferd durch seine noch unkontrollierte Lenkung nicht im Maul reißen kann.
Das Sidepull ist ein Halfter-ähnliches Kopfstück mit einem verstärkten Nasenriemen, an dem die Zügel befestigt sind. Mit direkter Zügelführung ist die Hilfengebung zwar ähnlich wie beim Snaffle Bit, jedoch wird das Pferd nicht über die Zügeleinwirkung im Maul, sondern auf dem Nasenbein gelenkt.

Das Bosal erfordert eine völlig andere Arbeitsweise und ist eine Umstellungszäumung, die in die Hände eines Profi -Trainers gehört.
Sie wird traditionell bei im Zahnwechsel befindlichen Pferden als Übergang vom Snaffle Bit zur Stangenzäumung (Bit) benutzt.
Die mechanische Hackamore ist keine Westernzäumung.

Bosal und Mecate.

Gamaschen

Beim dressurmäßigen Reiten in der Bahn, bei dem das Pferd durch Seitengänge, Wendungen und Rückwärtsrichten gymnastiziert wird, ist es ratsam, die Vorderbeine mit Gamaschen zu schützen, besonders wenn das Pferd beschlagen ist.

Einfache Neoprengamaschen, die Röhrbein und Fesselkopf schützen, sind preiswert und erfüllen ihren Zweck vollkommen. Die wesentlich teureren Gamaschen mit dem Unterstützungsband unter der Fessel, die mit dem Westernsport aufgekommen sind, haben einen Nachteil, Neopren wird mit der Zeit hart, besonders wenn es häufig gewaschen wird und in der Sonne trocknet. Setzt sich zudem noch Sand zwischen Pferdebein und Gamaschen, scheuert sich die Haut - vor allem bei den wesentlich teureren Spezialgamaschen, die ein Stützband unter der Fessel haben - schnell wund.

Bei Pferden, die sich beim Überkreuzen der Beine oder mit den Hinterbeinen in die Fesselbeugen der Vorderbeine treten, sind Hufglocken sehr zu empfehlen. Da Neopren sich leicht mit Wasser vollsaugt und dann sehr schwer wird und zudem auch hier wiederum Scheuerstellen durch Sandkörner entstehen können, sollten Sie Sprungglocken aus Gummi oder gepolstertem Kunststoff den Vorzug geben.
Sogenannte „Skidboots“ für die Hinterbeine sollten nur angelegt werden, wenn Sliding Stops geübt werden, da sie aufgrund ihrer Lage am Bein und ihrer Befestigung besonders schnell zu wunden Stellen führen. Selbst zum Warmreiten sollte man sie nicht benutzen!

Die Abschwitzdecke

Die Bedeutung der richtigen Abschwitzdecke wird leider allzuoft unterschätzt.
Oft bekommen wir in unserer täglichen Praxis Trainingspferde, zu deren „Ausstattung“ eine dünne Baumwoll- oder Frotteedecke gehört. Decken aus diesen Materialien sind zum Abschwitzen völlig ungeeignet.
Das Pferd wird darunter kalt, glatte Baumwolldecken nehmen kaum Feuchtigkeit auf, Frotteedecken werden selbst naß.
Eine gute Abschwitzdecke befördert die Feuchtigkeit nach außen, ohne selbst naß zu werden. Sehr gut geeignet sind Decken aus modernen Fleece-Stoffen, aber auch leichte Schurwolldecken. Die Abschwitzdecke bleibt maximal 15-20 Minuten auf dem Pferd; danach steht bei guten Decken die Feuchtigkeit wie Tau auf einer Wiese auf der vom Pferd abewandten Seite.
Sollte das Pferd dann noch nicht trocken sein, wird es mit einer frischen Decke abgedeckt. Während des Abschwitzens ist es ratsam, das Pferd anzubinden: wenn es unangebunden in der Box steht, wird es sich mit großer Wahrscheinlichkeit wälzen und möglicherweise die Decke zerreißen.

Generell ist zu bemerken, daß Pferde mit dickem Winterfell keine Sportpferde sein können. Will man den ganzenWinter trainieren, so empfiehlt es sich, das Pferd ab September/Oktober einzudecken, damit es nicht so viel Fell schiebt. In einzelnen Fällen bietet sich auch eine Schur an. In beiden Fällen muß jedoch bedacht werden, daß das Pferd dadurch auf Witterungseinflüsse empfindlich reagiert und im Stall gehalten werden muß.

Ein junges Pferd das erste Mal auf der Brücke.

Das System

Wie eingangs bereits erwähnt, ist es gerade beim Westernreiten schwierig, eine gute, fundierte Ausbildung zu erwerben.

Deshalb wird in den folgenden Kapiteln ein Programm erstellt, nach dem nicht nur Ein- und Umsteiger, sondern auch Trainer und Ausbilder vorgehen können. Jede Trainingseinheit ist so gestaltet, daß sie auf der vorhergehenden aufbaut, aber auch unabhängig von ihr geritten werden kann. Zunächst werden die grundsätzlichen Übungen, die für ein effektives Training erforderlich sind, ausführlich erläutert. Im zweiten Abschnitt werden diese dann durch weiterführende Manöver und Trainingseinheiten für die tägliche Reitpraxis ergänzt. Dieses System, das von der Basisarbeit bis zur Turnierreife des Pferdes angewendet werden kann, gibt Reitlehrern und Ausbildern von Pferden einen Leitfaden sowie Ein- und Umsteigern die Möglichkeit, neben den Unterrichtseinheiten anhand des Buches selbst zu lernen bzw. Erlerntes zu vertiefen.

Wichtig ist, daß alle Übungen gewissenhaft und in korrekter Manier ausgeführt werden. **Es geht nicht darum, die Aufgaben möglichst schnell oder oft hinter sich zu bringen; alles soll sauber und sorgfältig absolviert werden.** Ziel ist es, eine harmonische Körperkontrolle über das Pferd und sich selbst zu erreichen. Dies ist nur möglich, wenn langsam Schritt für Schritt vorgegangen wird, ohne Teile des Programms zu überspringen.
Regelmäßige Korrektur bzw. Hilfestellung durch einen guten Reitlehrer ist besonders wichtig, damit sich eventuelle Fehler nicht festigen und zur Gewohnheit werden. Es muß sichergestellt sein, daß alle Aufgaben und Übungen richtig verstanden und dementsprechend umgesetzt werden.

Weiterhin ist es sinnvoll, sich von Zeit zu Zeit filmen zu lassen. So erkennt man Fehler und Probleme sehr viel besser.

Führen Sie alle Übungen zunächst im Schritt aus. Erst wenn alles fehlerfrei klappt, können Sie zum Trab übergehen. Das gleiche gilt für die Galopparbeit. Haben Sie in einer Gangart Schwierigkeiten, gehen Sie zurück in die nächstniedrige. Oftmals sind Verspannungen Auslöser einer „Blockade“ und können im Schritt gelöst werden.

Pferde haben - wie menschliche Rechts- und Linkshänder - eine gute Seite, auf der ihnen die Übungen leicht fallen, und eine schlechte Seite, auf der sie steif sind und oftmals Probleme beim Training haben. Es ist ratsam, bei der Gymnastizierung mit der guten Seite zu beginnen; danach absolviert das Pferd meist die Übungen auf der steifen Seite lockerer und entspannter.

Um die Lektionen sinnvoll in allen drei Gangarten ausführen zu können, benötigen wir zumindest zu Beginn des Trainings eine genügend große Reitbahn. Viele Übungen lassen sich später, wenn sie bereits gefestigt sind, auch im Gelände ausführen. Je größer eine Reitbahn ist, desto besser kann man mit dem Pferd in allen Gangarten arbeiten. Trainingsställe, die auf die Ausbildung von Reiningpferden spezialisiert sind, haben Außenreitplätze von ca. 30 x 60 Metern oder gar 50 x 100 Metern. Steht Ihnen eine solche Fläche zur Verfügung, nutzen Sie diese!
Da beim Westernreiten häufig auf Zirkeln geritten wird, muß eine gewisse Größe gewährleistet sein. Die meisten konventionellen Reitbahnen sind mit ca. 20 x 40 Meter auch groß genug. Große Zirkel haben hier einen Durchmesser von ca. 18 Metern, mittlere können mit 10 bis 12 Metern und kleine Volten mit 4 bis 6 Metern Durchmesser geritten werden.

Die Grundgangarten

Um Übungen in allen drei Gangarten - Schritt, Trab und Galopp - korrekt ausführen zu können, muß man in der Lage sein, den Bewegungsablauf der einzelnen Gangarten nachzuvollziehen.

Beginnen wir mit der Schrittlänge, die maßgeblich für die Aufteilung des Raumes ist. Die Schrittlänge definiert die Entfernung, die das Pferd zurücklegt, wenn es jedes Bein einmal bewegt hat, also einen Schritt gemacht hat.

Im Schritt beträgt die Schrittlänge ca. 1,5 bis 2 Meter, im Trab 2 bis 3 Meter, im Galopp 2,5 bis 4 Meter. Um eine Bahnlänge zurückzulegen, muß das Pferd im Schritt demnach ca. 22 Schritte, im Trab ca. 14 Tritte, im Galopp ca. 10 Sprünge absolvieren.

Der Bewegungsablauf

Der Schritt

Der Schritt ist eine Viertakt-Gangart ohne Schwebephase, d. h. es bleiben immer mindestens zwei Beine am Boden. Durch die Zweibeinstütze verbunden mit der Streckung beim Vorgehen entsteht eine für den Reiter deutlich spürbare Seitwärts- oder Schaukelbewegung.

Beim Auffußen des Pferdes am Boden sollen je Schritt vier gleichmäßig rhythmische Schläge vernehmbar sein.

Der Schritt besteht aus acht Phasen (jedes Bein hat einmal ab- und aufgefußt).
Die Beine bewegen sich dabei in dieser Reihenfolge:

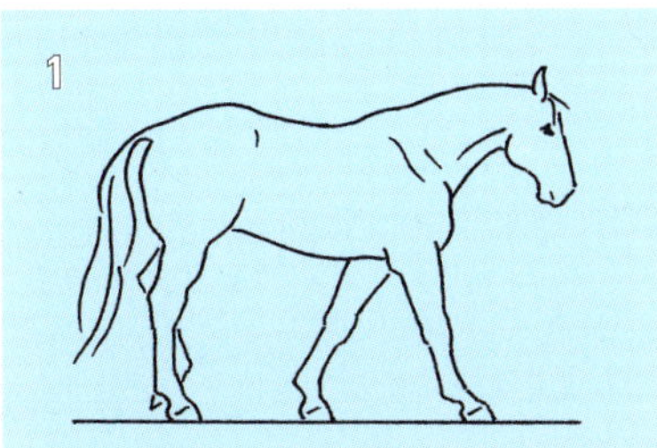

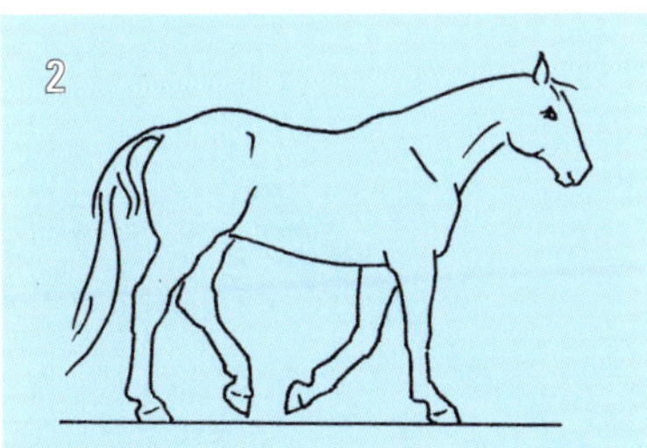

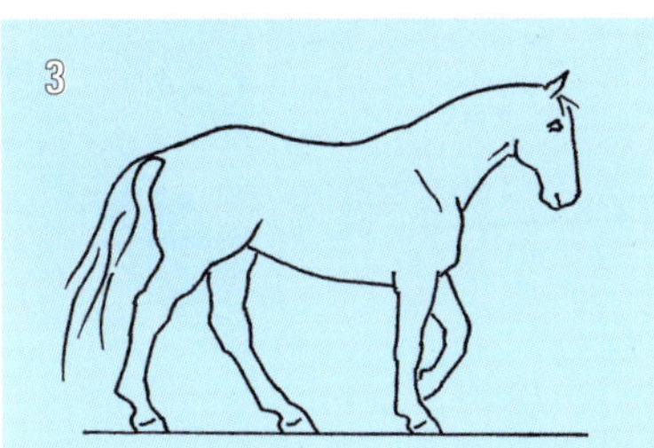

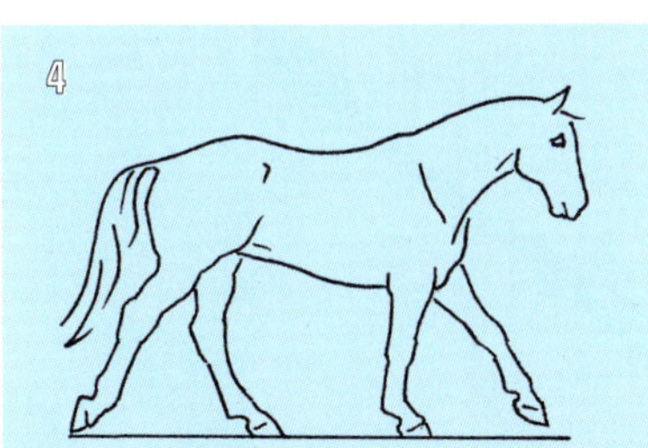

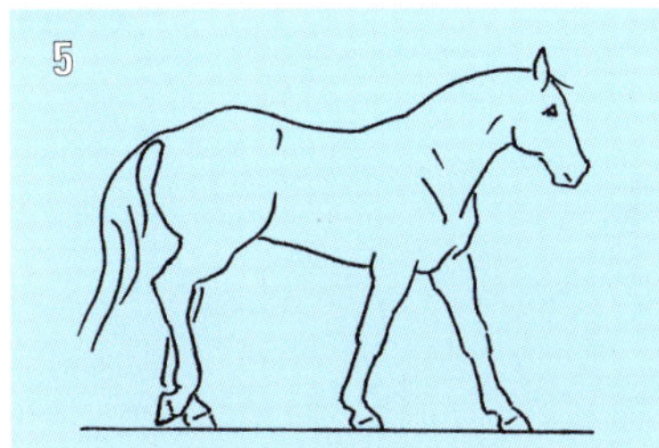

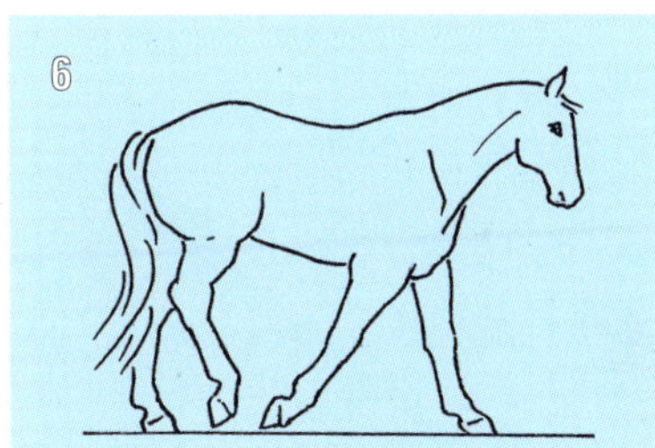

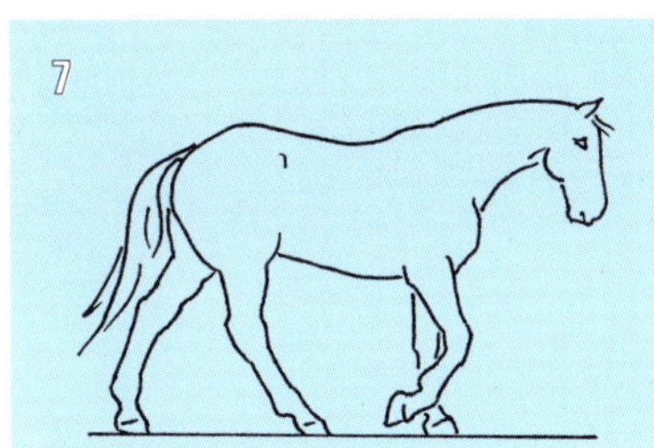

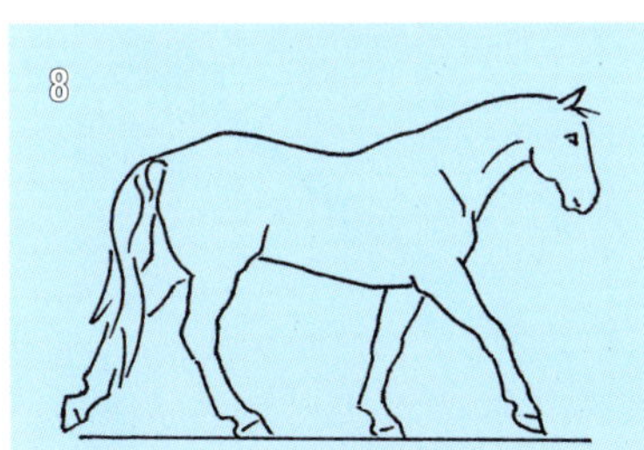

Der Trab

Der Trab ist eine schwingende Zweitakt-Gangart in vier Phasen, wobei sich ein diagonales Beinpaar gleichzeitig vorbewegt.

Noch bevor dieses Beinpaar auf dem Boden auffußt, hebt das andere Beinpaar vom Boden ab. Dadurch entsteht eine Schwebephase, in der sich kein Bein am Boden befindet.

Der Bewegungsablauf ist demnach wie folgt:

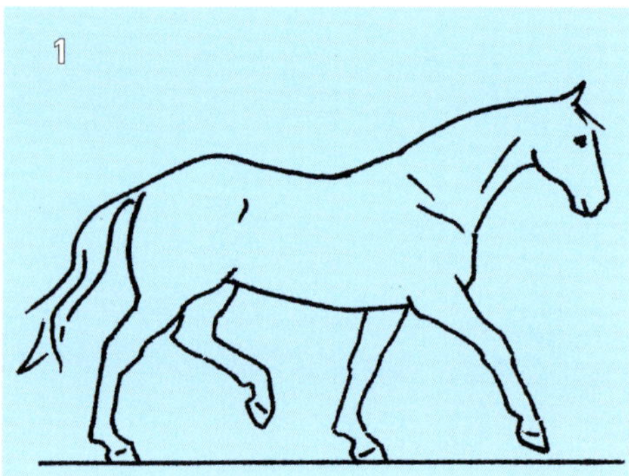

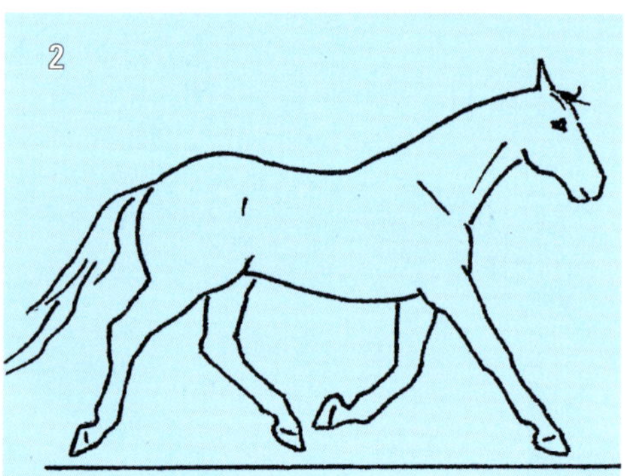

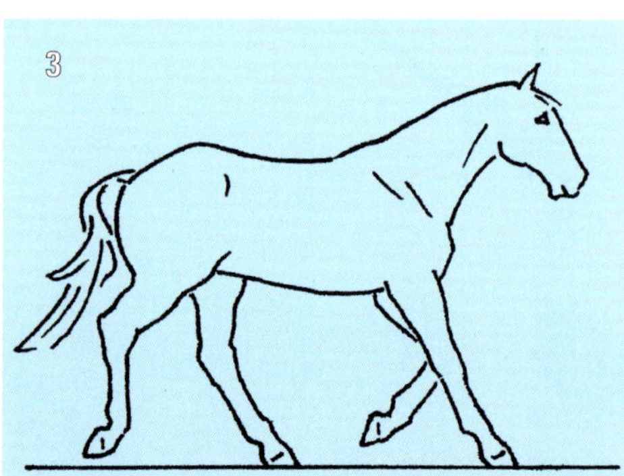

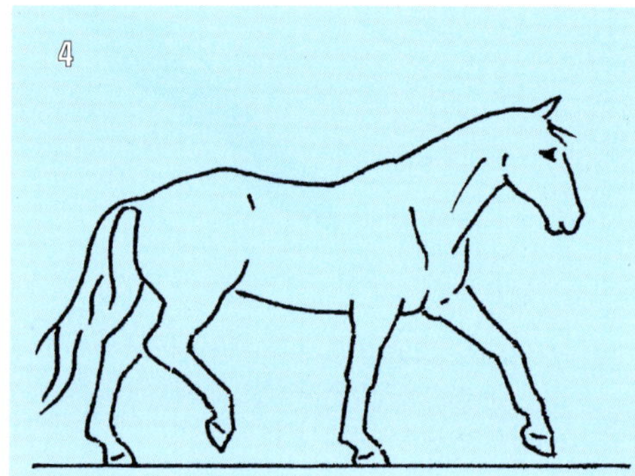

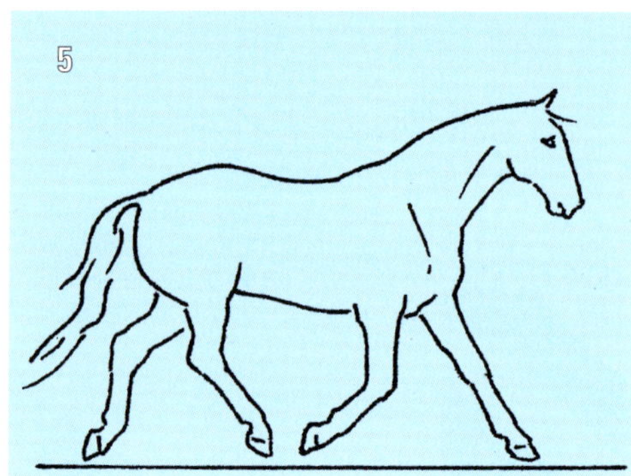

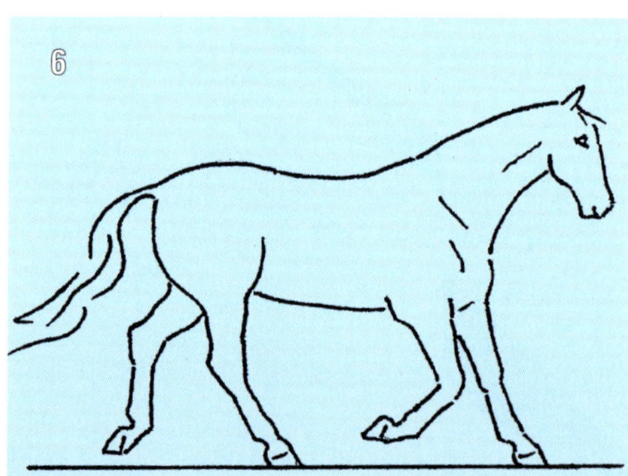

Der Galopp

Der Galopp ist eine gesprungene, schwungvolle Bewegung im Dreitakt, in der sich das Pferd zwischen zwei Sprüngen in einer Schwebephase befindet.
Der Bewegungsablauf erfolgt in sechs Phasen:

Je nachdem, welches laterale (gleichseitige) Beinpaar stärker nach vorne ausholt, unterscheidet man zwischen Links- oder Rechtsgalopp: Im Linksgalopp greift das lateral linke Beinpaar, im Rechtsgalopp das lateral rechte weiter vor.

Das Rückwärtsrichten

Das Rückwärtsrichten ist ein wichtiger Bestandteil der Westerndressur. Anders als in der Klassischen Reitweise, wo jeweils nur drei Schritte langsam rückwärtsgerichtet wird, ist beim Westernreiten das Rückwärtsrichten ein Manöver, das zum alltäglichen Trainingsablauf gehört. Dementsprechend handelt es sich um einen geregelten Bewegungsablauf; es ist praktisch die „**vierte Gangart**" jedes western-gerittenen Pferdes.

Das flüssige Rückwärtsrichten zeichnet sich durch eine diagonale Beinbewegung im Zweitakt aus. Die Beinbewegung ist also wie im Trab, jedoch ohne Schwebephase, d. h. das sich bewegende diagonale Beinpaar erreicht dann den Boden, wenn das andere Beinpaar den Boden verläßt.

Die Bodenarbeit

Die Bodenarbeit sollte als Grundlage angesehen werden, die jedes Pferd - gleichgültig welchen Alters oder Ausbildungsstandes - beherrschen bzw. erlernen muß, bevor Sie in den Sattel steigen.
Beginnen Sie also mit Ihrem altgedienten oder neu erworbenen Pferd mit der ersten Lektion, dem Longieren.
Besonders, wenn Sie Ihr Pferd und dessen Reaktionen noch nicht genau einschätzen können, kann die Bodenarbeit Unfälle vermeiden und ein solides Vertrauensverhältnis zwischen Ihnen und Ihrem Pferd schaffen.
Besonders bei Pferden, die viel Zeit in der Box verbringen müssen, ist das Longieren auch später noch vor den Reitlektionen eine gute Gelegenheit zum Lockern und Warmwerden.
Auch der gewissenhafte Trainer geht so vor; für ihn ist die Boden- und Longenarbeit eine Art „Checkliste", anhand derer er prüft, was ein Pferd bereits gelernt hat und wo er mit der weiteren Ausbildung fortfahren kann.

Das Longieren

Lektion 1:

Auch für den Longierplatz gilt: Er muß eben und sicher eingezäunt mit rutschfestem, abfedernden Untergrund sein. Eine nasse Wiese ist denkbar ungeeignet. Ideal aufgrund seiner Form ist ein geschlossener „Roundpen", der auf jeden Fall so hoch eingezäunt sein sollte, daß das Pferd nicht auf die Idee kommt, herauszuspringen. Der Durchmesser des Roundpens mißt idealerweise 15 - 17 Meter, der Zaun sollte mindestens 1,5 Meter hoch sein.
Um Verletzungen auszuschließen, ist die räumliche Begrenzung wichtig, da besonders junge Pferde sich losreißen oder auch einmal die Longierleine zwischen die Beine bekommen könnten.

Die erste Lektion beinhaltet das einfache Longieren mit Trensenzaum ohne ausbindende Zügel. Dabei wird die Longe jedoch keinesfalls direkt in die Trensenringe eingehängt, sondern wie folgt verschnallt:
Die Longe wird zwischen Kinn und Kinnriemen hindurch, dann unmittelbar hinter den Ohren um das Genick gelegt (Foto) und auf der anderen Seite des Kopfes zurück unter die Ganaschen geführt. Der Haken der Longe wird dort in einen an der Longe befestigten Ring eingehängt (man kann hier auch eine Schlaufe in die Longe knoten). Ähnlich wie bei einem Hundehalsband kann sich so die Longe nicht festziehen.
Diese Art der Verschnallung hat folgende Vorteile:
Zieht das Pferd beim Longieren nach außen (gegen Sie), wird das Gebiß nicht durchs Pferdemaul gezogen, sondern der Druck verteilt sich auf das Gebiß und seitlich über das Genick, ähnlich wie beim Longieren am Halfter, jedoch mit leichter Einwirkung des Gebisses. Das Pferd gewöhnt sich auf diese Weise langsam an den Druck im Maul. Der leichte Druck, besonders auf den äußeren Maulwinkel, fördert das Nachgeben und bereitet das Pferd auf die Biegung vor. Wenn das Pferd sich mit dem Kopf zur Mitte stellt und rückwärts ausbrechen will, sind Sie in der Lage, auf das Genick des Pferdes „bremsend" einwirken zu können. Bei anderen Methoden verkantet sich in dieser Situation das Gebiß, und Sie haben keine Einwirkungsmöglichkeiten mehr.
Außerdem ist diese Methode beim „Handwechsel" des Pferdes von einer in die andere Laufrichtung sehr sinnvoll: Sie brauchen das Pferd nur zu sich hinzudrehen und führen oder dirigieren es zur anderen Seite, ohne die Longe umschnallen zu müssen.
Um Ihr Pferd an diese Methode zu gewöhnen - auch viele ältere Pferde kennen das Longieren nur am Halfter oder über direkte

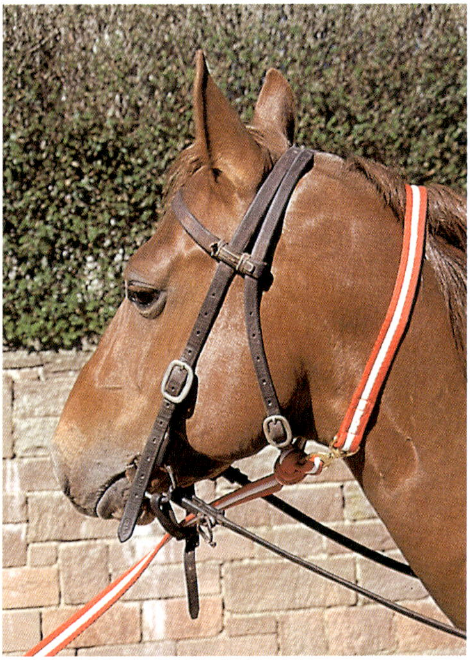

Longe um den Hals.

Nahaufnahme Knoten.

Verschnallung an der Trense - arbeiten Sie ca. zwei bis sechs Tage je zehn bis zwanzig Minuten. Dabei wird das Pferd in allen drei Gangarten und in beiden Richtungen gearbeitet. Beginnen Sie im Schritt und gehen Sie erst zum Trab über, wenn das Pferd im Schritt ohne Probleme vorwärtsgeht. Geht es im Trab locker und entspannt, können Sie mit Galopparbeit fortfahren.
Um das Pferd in die nächsthöhere oder -niedrigere Gangart zu dirigieren, werden einfache Stimmkommandos verwendet, die immer im selben Zusammenhang gebraucht werden müssen, damit das Pferd sich diese Kommandos einprägt. Anfangs werden diese mit deutlicher Körpersprache unterstützt, die dann allmählich während des Lernprozesses minimiert wird, bis das Pferd ausschließlich auf die Stimmkommandos reagiert.

Antreten im Schritt:
Arm heben, evtl. mit Peitsche als „verlängertem“ Arm, einen Schritt auf die Hinterhand des Pferdes zugehen und schnalzen.

Antraben:
Ebenso wie im Schritt verfahren, gegebenenfalls etwas intensiver; wenn das Pferd schlecht reagiert, leicht mit der Peitsche touchieren, damit es diesen „verlängerten Arm“ respektiert.

Angaloppieren:
Wie beim Antraben, jedoch mit stimmlicher Unterscheidung: Statt „Schnalzen“ „Küßchen geben“. Diese Unterscheidung ist sehr wichtig, damit das Pferd später aus dem Schritt sowohl antrabt (bei „Schnalzen“) als auch angaloppiert (bei „Küßchen“).

Um das Tempo zu verlangsamen, geben wir ein langgezogenes, ruhiges Stimmkommando, wie z. B. „easy“, und machen ein bis zwei Schritte auf das Pferd zu, diesmal in Richtung Kopf, so daß wir für das Pferd optisch nach vorne eine Begrenzung darstellen.

Das Kommando „whoa“ oder „halt“ verwenden wir nur, wenn das Pferd auch tatsächlich anhalten soll. Haben wir dieses Kommando gegeben, so müssen wir es auch unbedingt durchsetzen! Das Pferd muß unmißverständlich lernen, daß „whoa“ Anhalten heißt. Um ihm dies beizubringen, machen wir einige rasche Schritte auf den Hufschlag zu - vor das Pferd - und in Verbindung mit dem Wort „whoa“ blockieren wir so den Weg. Dabei ist es wichtig, nicht hektisch zu agieren, sondern konsequent und bestimmt. Anfangs ist es sinnvoll, das Anhalten erst zu verlangen, wenn die anfängliche „Lauflust“ des Pferdes vorbei ist, und Sie das Gefühl haben, es würde gerne anhalten. Wann immer Probleme auftreten, gehen Sie erneut zum Trab oder gar zum Schritt zurück, bis das Pferd wieder einwandfrei und entspannt läuft. Wenn das Pferd in allen drei Gangarten korrekt arbeitet und den Kopf beim Laufen annähernd in der Senkrechten trägt, können Sie zur nächsten Lektion übergehen. Sollte Ihr Pferd das Longieren noch gar nicht kennen, so nehmen Sie sich einen Helfer, der das Pferd anfangs führt und später, evtl. mit Hilfe einer Peitsche, treibend von schräg hinten einwirkt. Dabei wird der Abstand zum Pferd kontinuierlich erhöht, bis der Helfer schließlich neben Ihnen im Mittelpunkt steht.

Lektion 2:

Longieren mit dem Gummi-Halsverlängerer und Longiergurt.

Unser Pferd beherrscht nun die erste Lektion und ist mit dem Druck der Longe aufs Genick vertraut.
Nun wird es außerdem langsam an den beidseitigen Druck des Gebisses im Maul und das damit verbundene Nachgeben gewöhnt. Hierfür ist der Gummi-Halsverlängerer das ideale Hilfsmittel, da er dem eventuellen Gegendruck des Pferdes nachgibt und dieses nicht in eine bestimmte Haltung zwingt. So ist besonders das junge, unerfahrene Pferd vor Verletzungen und Panik, in die es bei feststehenden Ausbindern leicht geraten kann, geschützt und wird dennoch in die gewünschte Richtung gewiesen. Der Druck des Halsverlängerers wirkt - wie man auf dem Foto deutlich erkennt - direkt auf das Genick, auf das Gebiß wirkt er lediglich indirekt. Durch die elastische Art des Ausbindens wird das junge Pferd nicht in eine starre Kopfposition gezwungen und kann sich besser ausbalancieren, lernt aber dennoch, dem Druck nachzugeben, denn um so stärker es sich gegen das Gummiband lehnt, desto stärker zieht dieses zurück. Zunächst wird der Halsverlängerer so lang wie möglich verschnallt. Mit der Zeit wird er dann Stück für Stück kürzer geschnallt, bis das Pferd in der angestrebten, versammelten Haltung geht, ohne sich gegen den Druck zu wehren.

Halsverlängerer, lang verschnallt.

Halsverlängerer, kurz verschnallt.

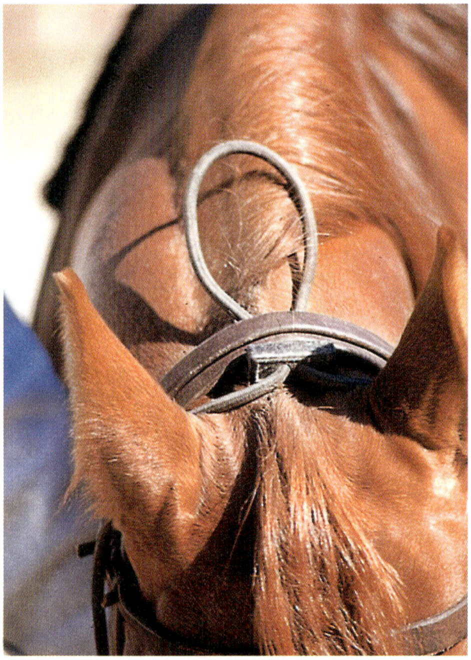

Möglichkeiten, die Verschnallschlaufe des Halsverlängerers zu verwahren, damit sie nicht gegen die Ohren schlägt.

Für diese Trainingseinheit werden Sie je nach Ausbildungsstand des Pferdes drei bis sechs Tage à zehn bis zwanzig Minuten Longenarbeit benötigen.

Lektion 3:

Der Dreieckszügel

Der Dreieckszügel ist ebenso wie der Halsverlängerer keine starre Ausbindemethode. Er wirkt jedoch nur noch auf das Gebiß, nicht mehr auf das Genick. Hat das Pferd beim Halsverlängerer noch die Möglichkeit gehabt, neben der Auf-/Abwärtsbewegung des Halses diesen auch nach innen oder außen zu biegen, so ist dieses beim Dreieckszügel kaum noch möglich. Dafür stabilisiert er die Vorhand des Pferdes besser. Der Halsverlängerer besteht aus einem Stück: Er läuft von der einen Pferdeseite über Genick und Trensenringe zur anderen Pferdeseite. Will das Pferd dem Druck der Longe nach innen nachgeben, so kann es dies mit Kopf und Hals tun, die Schulter aber weiterhin außen lassen, denn verlängert sich der äußere Strang des Halsverlängerers, so verkürtzt sich automatisch der innere.

Der Dreieckszügel besteht aus zwei getrennten Riemen, je Pferdeseite einer. Sie laufen frei durch die Trensenringe und geben dem Pferd die Möglichkeit einer gewissen Auf-Abwärtsbewegung von Hals und Kopf; eine selbständige Krümmung der Längsachse ist dem Pferd aber nicht mehr möglich. Will das Pferd dem Zug der Longe nach innen nachgeben, so muß es das mit der gesamten Vorhand tun (Kopf, Hals, Schulter, Vorderbeine). Dies ist der Grundstein zum richtigen Lenken. Auch später soll das Pferd unter dem Sattel bei seitlichem Zug des Zügels sofort mit der gesamten Vorhand reagieren und nicht nur Hals und Kopf „hergeben“, mit der Schulter und den Beinen aber trotzdem geradeaus laufen.

Die Vorderbeine bringen das Pferd in die gewünschte Richtung, nicht Hals und Kopf.

Auch beim Dreieckszügel gilt: Erst länger verschnallen, später verkürzen, wobei der innere Ausbinder so viel kürzer geschnallt wird als der äußere, daß das Pferd der Zirkellinie entsprechend gebogen ist.

Der Dreieckszügel: Verschiedene Verschnallungsmöglichkeiten des Dreieckszügels. Im Laufe der Ausbildung wandern die Zügel des „Dreiecks" immer mehr zusammen.

Vorbereitung zum Satteln

Vor dem Satteln muß das Pferd geputzt werden. Sattel- und Gurtlage müssen gründlich gereinigt und auf eventuelle Verletzungen untersucht werden. Bleiben Staub oder gar Sandkörner o. ä. im Fell, können Hautreizungen und -ausschläge die Folge sein, besonders, wenn das Pferd beim Reiten schwitzt.

Das Satteln

Vor dem Sattel wird zunächst die Satteluntérlage, das Pad, auf den Pferderücken in Höhe des Widerristes gelegt. Bevor Sie den Sattel auflegen, schlagen Sie den an der rechten Seite des Sattels bereits befestigten Bauchgurt und den rechten Steigbügel über die Sitzfläche: So vermeiden Sie, daß Ihnen diese Teile beim Satteln hinderlich sein können.
Der Sattel wird zunächst wie das Pad in Höhe des Widerristes aufgelegt und dann mit dem Pad in Fellrichtung nach hinten geschoben, bis er eine stabile Lage erreicht hat. Läßt der Sattel sich weder mühelos nach vorne, hinten oder zur Seite schieben, dann liegt er korrekt in der Sattellage. Nun ziehen Sie das Pad in Richtung Sattelknauf nach oben damit es beim Reiten nicht auf den Widerrist des Pferdes drückt oder scheuert.

Der Sattelgurt wird gerade, ca. eine Handbreit hinter dem Ellbogenhöcker des Pferdes zunächst so weit angezogen, daß der Sattel seitlich nicht verrutscht, auch wenn das Pferd sich bewegt. Kurz vor dem Aufsitzen, nachdem das Pferd einige Minuten geführt wurde, können Sie den Sattel dann richtig festgurten. So vermeiden Sie besonders bei jungen Pferden Sattelzwang oder Bocken beim Aufsteigen.

Zwei Möglichkeiten, einen Westernsattel bequem zu tragen.

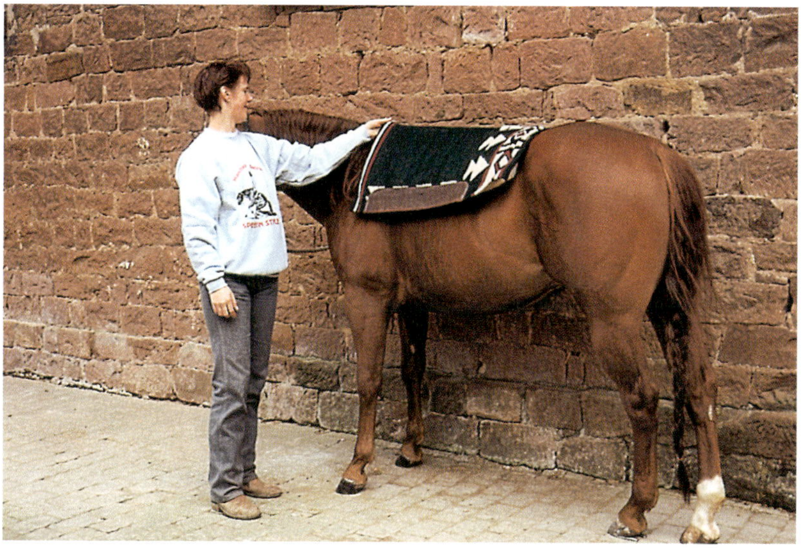

Pad weit genug vorne auflegen - in Fellrichtung kann man es immer noch zurückschieben, aber nicht dagegen.

Eine Möglichkeit, einen Westernsattel aufs Pferd zu legen - besonders geeignet für junge Pferde (erstes Satteln), Pferde mit empfindlichen Rücken und schreckhafte Pferde:

Fender und Gurt der rechten Seite überschlagen und Steigbügel übers Horn hängen.

Sattel so seitlich vom Pferd stehend hochkanten...

... und etwas vor der Sattellage sanft auf den Rücken gleiten lassen.

Eine weitere Möglichkeit, einen Westernsattel aufs Pferd zu bekommen, ist die „schwungvolle Variante"; sie bedarf einiger Übung und sollte nur bei erfahrenen Reitpferden angewandt werden. - Sie ist aber für den Reiter kraftsparender und geht, besonders bei kleinen Personen, nicht so ins Kreuz.

Man stellt sich mit dem Rücken zum Pferdekopf und hält den Sattel etwa in Hüfthöhe.

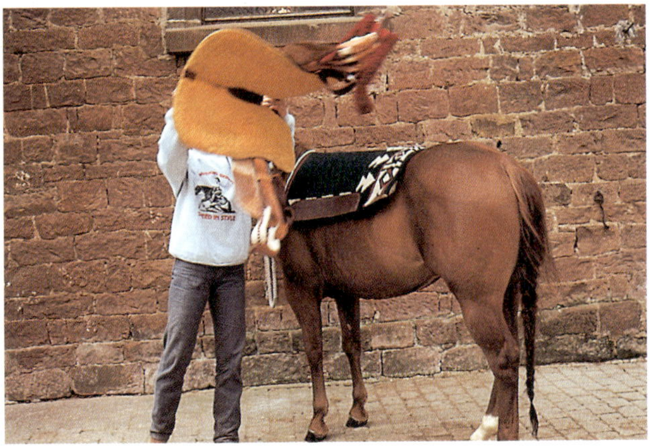

Dann schwingt man den Sattel aus der Hüfte hoch übers Pferd...

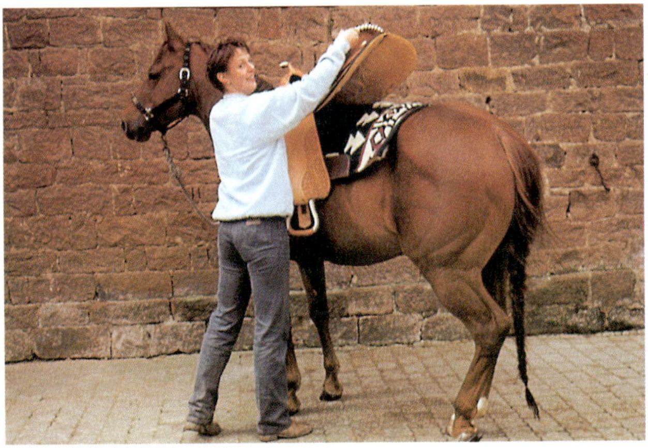

*Und läßt ihn in die Sattellage gleiten - **nicht** plumpsen.*

Das Aufzäumen

Die Zügel werden vor dem Aufzäumen auf Genickhöhe um den Hals des Pferdes gelegt, damit das Pferd bei eventuellem Zurückweichen festgehalten werden kann.
Eine weitere Möglichkeit ist, das Halfter am Genickriemen aufzumachen und dem Pferd wie ein Halsband ums Genick zu verschnallen. So ist der Kopf frei, und das Pferd ist trotzdem angebunden.

Nun halten Sie mit der rechten Hand das Genickstück des Kopfstückes, die linke Hand hält mit ausgestreckten Fingern das Gebiß und gibt sie dem Pferd ins Maul. Dabei hält der kleine Finger den Kinnriemen und streift diesen über die Unterlippe des Pferdes. Öffnet das Pferd sein Maul nicht bereitwillig, so wird der Daumen von links in die Laden, die zahnlose Stelle im Maulwinkel des Pferdes, geschoben. Fast alle Pferde öffnen daraufhin reflexartig das Maul.

Danach zieht die rechte Hand das Kopfstück über die Ohren, wobei die linke, nun wieder freie Hand, zur Hilfe genommen werden kann. Der Kehlriemen wird so verschnallt, daß eine Handbreit Platz bleibt; so bleibt genügend Platz, auch wenn das Pferd in der Versammlung im Genick abknickt.

Eine gebräuchliche Variante des Aufzäumens.

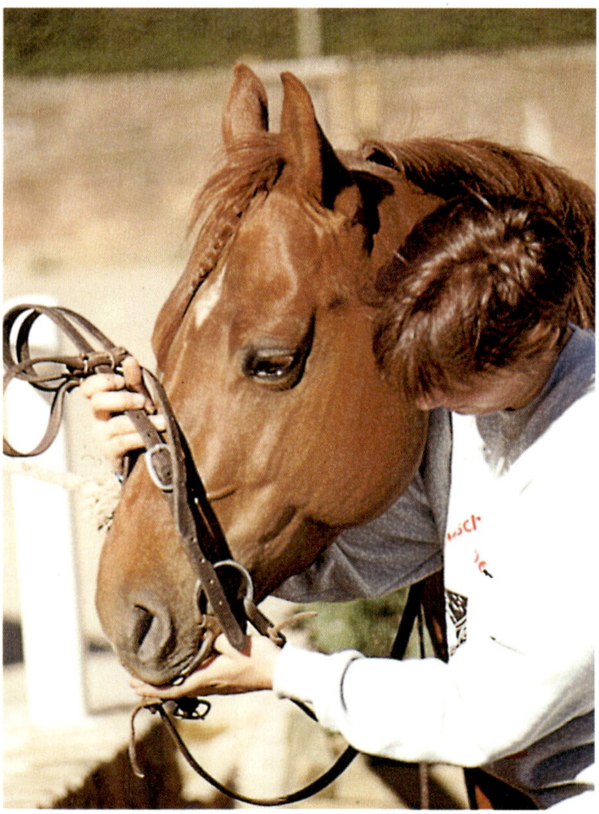

Eine andere Möglichkeit des Aufzäumens, besser geeignet für Pferde, die empfindlich an den Ohren sind und zurückziehen oder aber für kleine Leute, die Probleme haben, ihrem Pferd über den Kopf zwischen den Ohren durchzureichen.

Auf dem Bild links sieht man gut, wie der Daumen das Pferdemaul öffnet.

Das Führen

Sicherlich werden Sie sich wundern, daß dieses Thema in einem Buch über Reitlektionen behandelt wird. Leider muß man jedoch immer wieder beobachten, daß Pferde - besonders jene, die konventionell ausgebildet wurden - sich nicht problemlos führen lassen. Dabei kann es für Pferd und Reiter zu gefährlichen Situationen kommen. Bevor Sie also aufsteigen, sollte sich Ihr Pferd einwandfrei führen lassen. Fangen hier die Probleme bezüglich der Unterordnung schon an, sollten Sie erst gar nicht in den Sattel steigen!

Das Westernpferd muß sich problemlos führen lassen und dabei auf den Menschen, der neben ihm geht, achten. Dies ist bereits Teil der Grundausbildung jedes westerngerittenen Pferdes. Das typische Gezappel und Zerren, wie wir es oft bei großen Warmblutpferden sehen, entspricht nicht dem in der Westernreitweise vertretenen Standpunkt von Unterordnung und Umgänglichkeit des Pferdes dem Menschen gegenüber.

Der Rechtshänder führt das Pferd von links, der Linkshänder von rechts.

Die führende Hand hält die Zügel ca. 30 bis 50 Zentimeter vom Pferdemaul entfernt, die äußere Hand hält den Rest der Zügel.

Wichtig ist, daß das Pferd schon beim Führen gelernt hat, den Menschen zu respektieren. Keinesfalls darf es gegen den Menschen drängen oder gar springen, auch nicht, wenn es sich erschreckt.

Wie verhindere ich das?

Ist das Pferd unruhig, so sollte man versuchen, den Kopf des Pferdes so nahe wie möglich bei sich zu halten: So ereichen Sie, daß das Pferd im Ernstfall um sie herumläuft und Sie nicht zur Seite drängt oder an Ihnen vorbeistürmt.

So lernt es das Pferd von Anfang an

Bereits in der zweiten bis dritten Lebenswoche sollte das Fohlen an Strick und Halfter gewöhnt werden.

So lernt es am leichtesten, dem Menschen zu folgen und Respekt zu der führenden Person zu haben.

Ab dem Zeitpunkt, an dem es von der Stute abgesetzt wird, wird das Fohlen dann ebenso konsequent ausgebildet wie ein erwachsenes Pferd: Es lernt, sich ca. zwei Schritte an der Hand rückwärtsrichten zu lassen, einen bestimmten Sicherheitsabstand zum Menschen zu halten, nicht gegen den Menschen zu „rempeln“, auf Kommando (Stimme und Gesten) anzuhalten und zur Seite zu weichen.

Zum Führen benötigen wir einen ca. drei Meter langen festen Strick, der mindestens zwei Zenimeter dick ist. Ein kürzerer Strick muß im Ernstfall losgelassen werden und ist zum Üben damit ungeeignet.

Das Halfter sollte - auch bei Fohlen - stabil sein. Bei schwierigen Pferden kann ein dünnes Strickhalfter benutzt werden: Es wirkt schärfer auf Genick, Nase und Gesichtsseiten als ein herkömmliches Nylon- oder Lederhalfter.

Eine weitere Möglichkeit, auch schwierige Pferde sicher zu führen, bietet die Führkette, die unter dem Kinn des Pferdes entlang geführt wird.

Bei beiden Methoden ist jedoch Vorsicht angesagt, da zu hartes Zufassen Verletzungen hervorrufen kann!

Anlegen einer Führkette

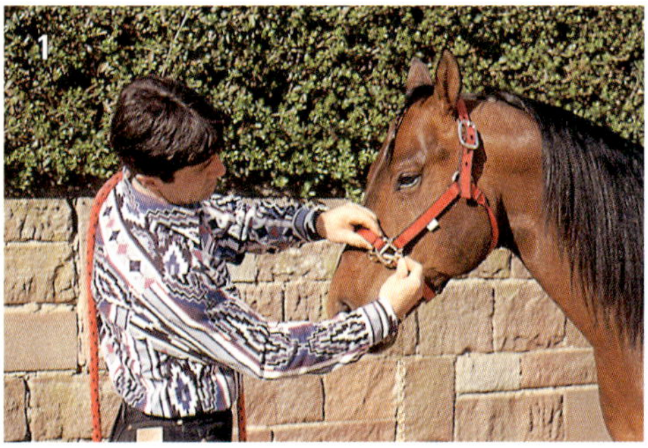

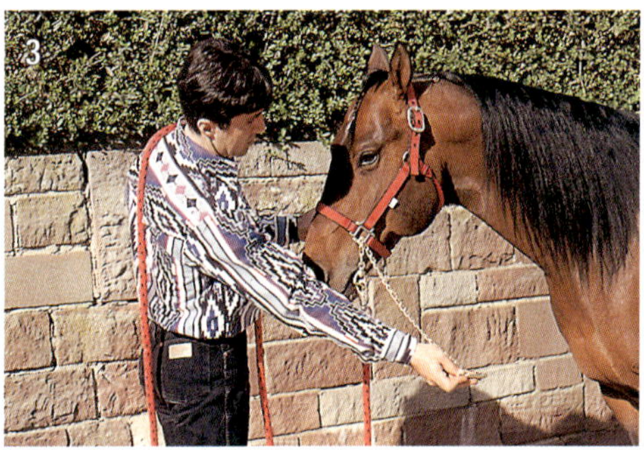

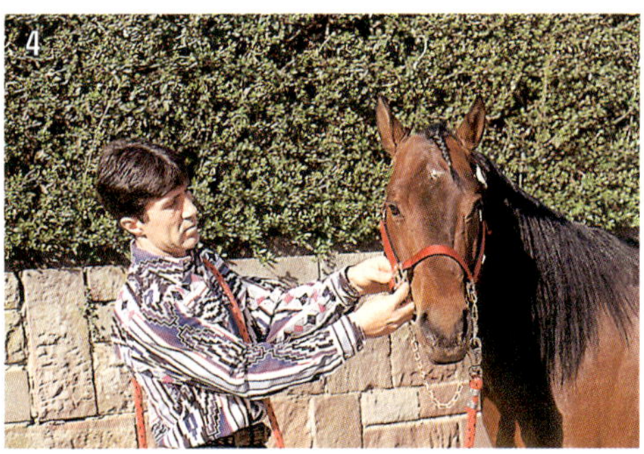

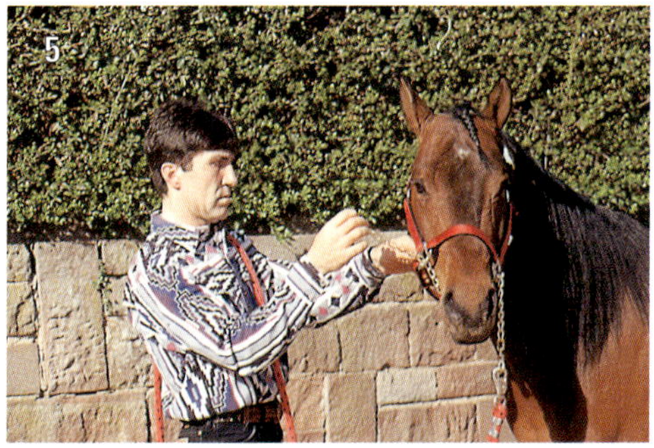

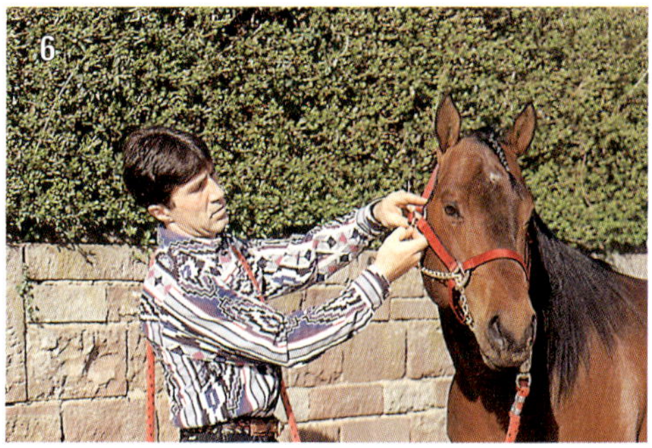

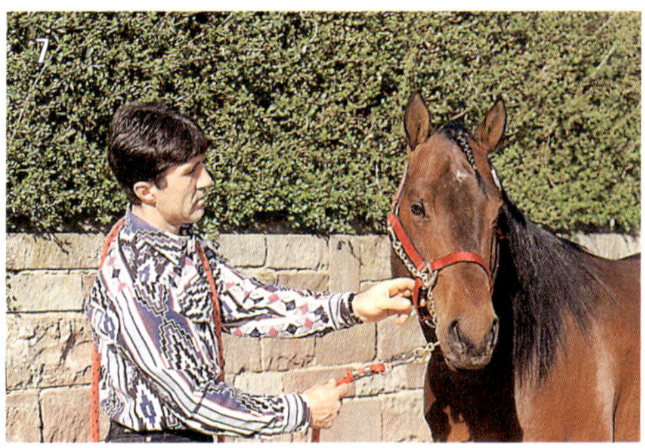

Diese Bilderreihe zeigt genau den Verlauf der Führkette durchs Halfter.

Korrekt angelegte Führkette

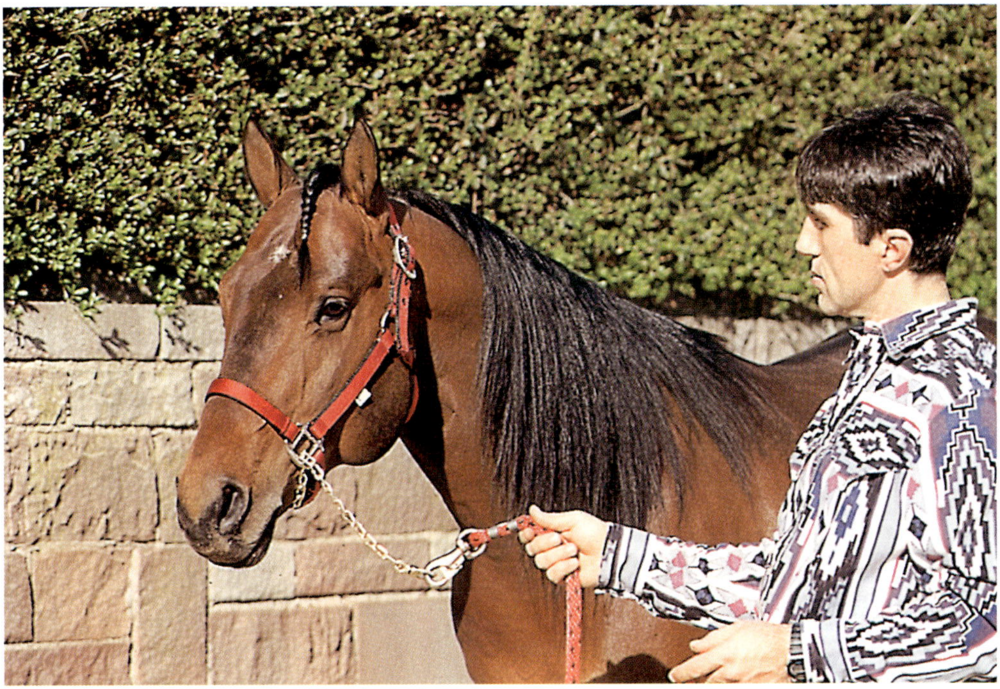

So hält man den Führstrick und stellt sich neben dem Pferd auf.

Nehmen Sie den Strick in ein/zwei großen, losen Schlaufen in die linke Hand, ca. 50 Zentimeter vom Pferdekopf entfernt; mit der rechten Hand nehmen Sie das Ende des Strickes, so daß ein Reststück von 60 - 80 Zentimetern herunterhängt. Treten Sie nun zur linken Seite des Pferdes und berühren Sie mit der rechten Hand die Flanke des Pferdes, bis es zur Seite weicht. Reagiert das Pferd nicht, so nehmen sie das Strickende in die rechte Hand und lassen es neben dem Pferd wie einen Propeller kreisen und bewegen ihn langsam in Richtung Pferdekörper. Weicht das Pferd noch immer nicht, so lassen Sie den Strick leicht gegen die Seite des Pferdes klopfen, so lange, bis das Pferd dies als unangenehm empfindet und weicht.

Führen eines Pferdes in vorbildlicher Manier.

Das Weichenlassen der Hinterhand, hier bei einem Absetzer. Das Fohlen macht eine komplette Vorderhandwendung.

Wiederholen Sie diesen Vorgang pro Tag und Seite ungefähr zehnmal, so lange, bis das Pferd weicht, wenn Sie an seine Seite treten und schnalzen. Wichtig ist, ab und zu seitlich an das Pferd heranzutreten und auf die Hinterhand zu klopfen, ohne ein Weichen zu verlangen.

Das Pferd muß unterscheiden lernen, wann es weichen soll und wann Sie einfach nur an es herantreten.

„Der Strickpropeller".

Trotz des nötigen Respekts vor dem „Leittier" Mensch - Vertrauen und Ruhe bei der Berührung sind unerläßlich.

Die gleichen Übungen werden nun an der Vorhand des Pferdes gemacht, damit es lernt, auch im Bereich der Schulter zu weichen. Beherrscht es beides, so kann man durch Berühren im Bereich der Gurtlage ein Seitlichtreten des gesamten Pferdes verlangen.

Zum Rückwärtstreten ist es sinnvoll, das Pferd parallel zu einer Wand aufzustellen. Sie stehen rechts vom Pferd gegenüber der Wand; in der rechten Hand halten Sie das Strickende, während die linke Hand in kurzem Abstand zum Halfter gehalten wird. Nun berühren Sie das Pferd mit der rechten Hand leicht an der Brust und schnalzen dabei. Weicht das Pferd nicht zurück, so geben Sie leichten Druck auf den Nasenriemen des Halfters, indem Sie mit der linken Hand leicht am Strick zupfen.
Da das Pferd nach allen Seiten - außer nach hinten - begrenzt ist, wird es nun nach hinten weichen. Sobald es einen Schritt rückwärts getreten ist, wird es gelobt. Stück für Stück wird die Zahl der Schritte gesteigert; innerhalb einer Woche sollte das Pferd in der Lage sein, zügig zehn Schritte rückwärts zu laufen.

Hat das Pferd die „Ausweich-Übungen“ gelernt, so beginnen Sie damit, das Pferd im Abstand von ca. einem Meter hinter sich her zu führen. Sobald Sie abrupt anhalten, sollte auch das Pferd stehen. Hält es nicht sofort an, so drehen Sie sich zu ihm um und lassen es einige Schritte rückwärts weichen. Trainieren Sie diese Übung so lange, bis das Pferd anstandslos anhält und auch bei ihm zugewandtem Rücken rückwärts weicht, wenn Sie auf es zukommen. Der Abstand von einem Meter muß zu jeder Zeit gewahrt werden.

Rückwärtsweichen.

Sollte das Pferd beim Vorwärtsantreten Schwierigkeiten machen, so nutzen Sie, daß es gelernt hat, dem Strickende auszuweichen. Stellen Sie es entlang einer Wand und klopfen mit dem Strickende so weit wie möglich auf die Kruppe. Die linke Hand weist nach vorne führend den Weg. Hat das Pferd ein bis zwei Schritte gemacht - loben.

Das Aufsitzen

Grundsätzlich sollte es für einen Reiter möglich sein, von beiden Seiten aufzusitzen. Klappt das Auf- und Absitzen auf beiden Seiten, so ist dies ein Zeichen dafür, daß der Reiter ausbalanciert ist. Für die spätere Hilfengebung ist das von großem Vorteil.
Üben Sie also ruhig, auch einmal von der ungewohnten Seite auf- und abzusitzen. Es schult den Gleichgewichtssinn!

Das Auf- und Absitzen von beiden Seiten hat beim Westernreiten auch den Vorteil, daß die Steigbügelriemen gleichmäßig gedehnt werden. Anders als beim herkömmlichen Sattel können die Fender nicht von rechts nach links ausgetauscht werden. Wird ein Fender über Jahre stets durch Auf- und Absitzen belastet, so dehnt er sich stärker als der Fender auf der unbelasteten Seite, und die Steigbügellänge ist irgendwann nicht mehr gleichmäßig.

Aufsitzen von links:
Vor dem Aufsitzen stellen Sie den Kopf des Pferdes leicht nach links, indem Sie den jeweiligen Zügel etwas annehmen. So kann das Pferd nicht nach vorne losstürmen, wenn Sie noch nicht fest im Sattel sitzen. Während des Aufsitzens halten Sie beide Zügel in der linken Hand.
Nun stellen Sie die linke Fußspitze in den Steigbügel. Sie stehen dabei leicht schräg zum Pferd und halten sich mit der linken Hand am Sattelknauf, mit der rechten am Cantle fest. Das linke Bein drückt - unterstützt von den Händen - den Körper nach, das rechte Bein schwingt über das Pferd langsam auf die rechte Seite, wobei das Reitergewicht sanft in den Sattel gleitet - nicht fällt!
Sobald der Oberkörper gerade im Sattel sitzt, wird er kurz nach rechts geneigt, um den eventuell verrutschten Sattel wieder gerade zu rücken.

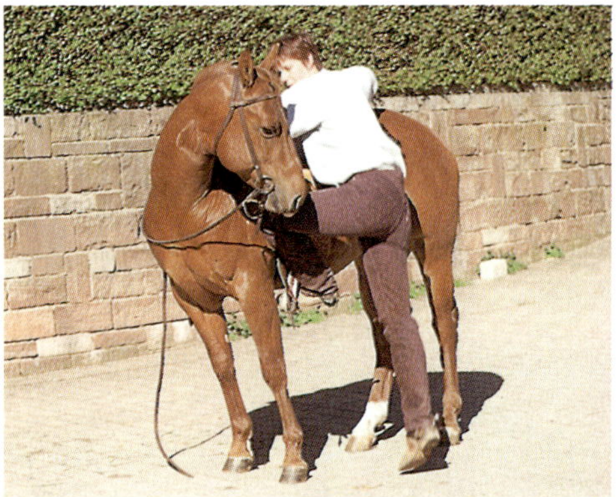

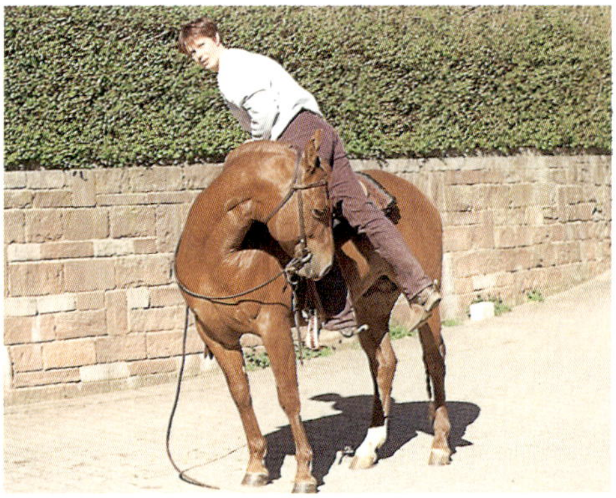

Hier ist das Abwenden des Kopfes zum Aufsitzen etwas übertrieben dargestellt. Ein gerittenes Pferd braucht man nicht so stark zu stellen. Beim ersten Aufsitzen auf ein junges Pferd ist diese starke Biegung hingegen angebracht.

So kann man sowohl die Zügel, als auch sich selbst am Horn festhalten.

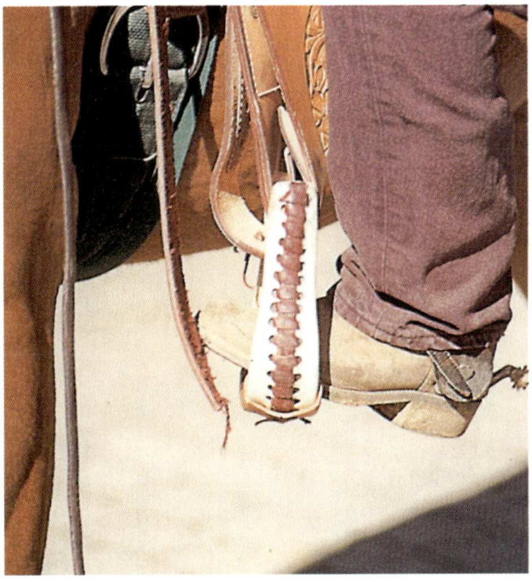

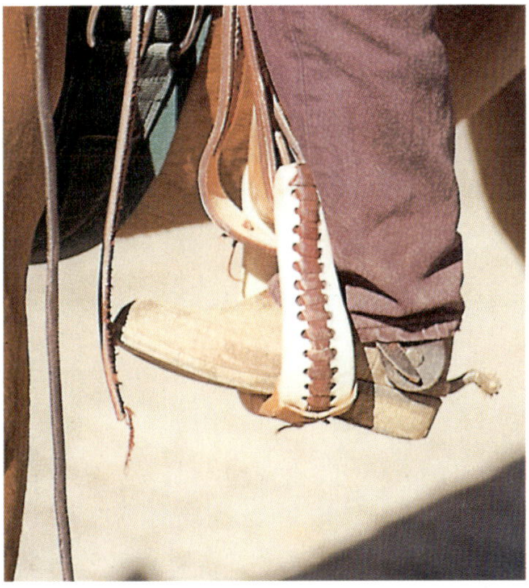

Die Fußspitze nie zu weit in den Bügel stecken, berührt sie beim Aufsteigen das Pferd, ist es wahrscheinlich, daß sensible Pferde zur Seite ausweichen.

Der Sitz

Sitzen im Gleichgewicht

Wichtig in allen Gangarten ist der ausbalancierte Sitz.
Der Oberkörper ist aufgerichtet, die Gesäßknochen sind gleichmäßig belastet und befinden sich im tiefsten Punkt des Sattels. Das Becken ist gerade aufgerichtet, die Schultern sind entspannt und auf einer Höhe und bilden mit dem Becken, den Waden und Fersen eine gerade, senkrechte Linie.
Der Kopf ist geradeaus gerichtet. Wichtig ist eine gleichmäßige Atmung; nur so ist ein entspannter, aufrechter Sitz möglich!

Die Unterschenkel liegen leicht am Pferd an, die Füße zeigen parallel zum Pferdekörper nach vorne, beide Steigbügel sind gleichmäßig belastet und gleich lang.

Der gut sitzende Reiter kann mit einer „Hollywood-Schaukel" verglichen werden: Der Schultergürtel ist die Achse, der ruhende Punkt, um den sich der Rest des Körpers bewegt.

Die Hand- und Zügelhaltung

Um das Pferd in den einzelnen Lektionen effektiv und schnell korrigieren zu können, ist die richtige Hand- und Zügelhaltung von von Anfang an besonders wichtig.
Die Hände werden aufrecht und in gleicher Höhe gehalten.
Mit parallel gehaltenen Unterarmen bilden die Zügel eine „Brücke" zwischen beiden Händen, welche ungefähr hüftbreit auseinander gehalten werden.

Daumen und Zeigefinger halten die Zügel, die anderen Finger sind locker und können leichteste Zügelhilfen geben. Nur bei starker Zügeleinwirkung werden die Fäuste geschlossen, damit das Pferd dem Reiter die Zügel nicht aus der Hand ziehen kann.
Um die Zügel anzunehmen oder nachzugeben, bewegen sich die Unterarme aus den

Ellbogengelenken gerade vor oder zurück.
Wichtig ist, daß die Hände beim Reiten ruhig gehalten werden; sie dürfen - außer im Moment aktiver Zügelhilfe - weder auf und ab, noch vor und zurück pendeln. Unruhige Hände „verfälschen" die Hilfengebung und beeinflussen die gesamte Körperhaltung des Reiters negativ.

Die nachfolgenden Kapitel Schritt, Trab, Galopp und Rückwärtrichten beziehen sich hier nur auf den Reiter. Es wird davon ausgegangen, daß der Reiter auf einem ausgebildeten Pferd sitzt, welches die Hilfen kennt und ausführt. Die Hilfengebung und der Sitz in den einzelnen Gangarten soll hier verdeutlicht werden, nicht aber, wie man diese dem Pferd beibringt. Beim unsicheren Reiter können die folgenden Übungen an der Longe ausgeführt werden.

Das Sitzen im Schritt

Vor dem Anreiten im Schritt werden die Zügel etwas angenommen, bis das Pferd weich im Genick nachgibt. Dann üben Sie mit beiden Unterschenkeln, diese liegen in normaler Sitzposition, leichten Druck auf das Pferd aus, wobei der Oberkörper ein wenig nach vorne gelehnt wird und die Zügelhände nach vorne nachgeben. Sobald das Pferd im Schritt geht, sitzen Sie wieder gerade im Gleichgewicht mit aufgerichtetem, ruhigem Oberkörper und lockerem Becken, welches im Schrittakt von einer Seite auf die andere schaukelt. Die Beine haben leichten Kontakt zum Pferd, ohne Druck auszuüben, und schwingen mit der Seitwärtsbewegung des Pferdes mit. Halten Sie Ihren Kopf gerade; wenn Sie zum Pferd schauen, dann tun Sie dies nur mit den Augen.

Der Trab

Wollen Sie vom Schritt in den Trab übergehen, so geben Sie die gleichen Hilfen wie zuvor beim Anreiten in den Schritt. Die treibenden Schenkel liegen jedoch etwas weiter hinten, achten Sie darauf, den Schenkeldruck langsam aufzubauen und Ihr Pferd nicht mit plötzlicher Hilfengebung zu „überfallen".
Reagiert das Pferd auf den Schenkeldruck nicht, so können Sie leicht mit den Waden „klopfen".

Wie unterscheidet mein Pferd, ob ich im Schritt oder im Trab anreiten möchte?

Zunächst unterscheidet sich die Hilfengebung zum Schritt und zum Trab nur in der Intensität. Für das Anreiten im Schritt hören Sie sofort mit dem Schenkeldruck auf, sobald das Pferd im Schritt geht, während Sie für die Trabhilfe weiterdrücken und dabei die Schenkel etwas nach hinten nehmen. Später wird das Pferd dann wissen, daß kurzer Druck am Bauchgurt Schritt, längerer Druck hinter dem Bauchgurt Trab bedeutet.

Der Trab ist aufgrund seiner schnelleren Auf-Abwärtsbewegung schwieriger und unbequemer auszusitzen. Wichtig ist, daß Ihr Oberkörper aufrecht und im Gleichgewicht bleibt. Lassen Sie Ihre Beine und Ihr Becken locker und entspannt. Drücken Sie Ihre Gesäßknochen in den tiefsten Punkt des Sattels. Der Schwung der Rückenbewegung des Pferdes sollte zwischen Becken und Brustkorb abgefedert werden; deshalb ist eine gleichmäßige Atmung wichtig. Wenn Sie die Luft anhalten, verkrampft sich die gesamte Muskulatur des Oberkörpers, und ein lockeres Mitschwingen des Beckens mit der Bewegung des Pferdes ist nicht mehr möglich. Die Fersen bilden mit Hüft- und Schulterknochen eine senkrechte Linie.
Folgende Tips helfen, Fehler zu vermeiden:
- Fallen Sie mit Ihrem Oberkörper weder nach vorne noch nach hinten, verkrampfen Sie nicht in der Bauch- und Beckenmuskulatur.
- Atmen Sie ruhig und gleichmäßig.
- Klemmen Sie nicht die Beine ans Pferd, und ziehen Sie die Knie nicht hoch.

Anfänger verlieren sehr oft die Steigbügel, da sie die Knie hochziehen und sich am Sattel festklammern. Hat man anfangs das Gefühl, aus dem Gleichgewicht zu geraten, dann liegt das daran, daß man normalerweise kopflastig ist. Hier hilft eine gedankliche Übung: Man stellt sich vor, man ist ein „Stehaufmännchen" - unten ganz schwer und oben ganz leicht. Man hat einen Bleiklumpen in den Füßen und einen Stein im Bauch. So „ausgestattet" kann man gar nicht vorne überkippen. Durch diese Vorstellung vergißt man, sich zu verkrampfen und lernt zu spüren, was es heißt, im Schwerpunkt zu sitzen.

Der Jog

Der Jog ist eine typische „Westernpferde-Gangart“, nämlich ein langsamer Trab mit sehr geringer Schwingung des Pferderückens. Entsprechend bequem ist er für den Reiter auszusitzen und daher sehr gut zum Erlernen des Aussitzens geeignet. Der Jog kostet sowohl Pferd als auch Reiter wenig Kraft, da der Schwung und Raumgriff nicht sehr groß ist. Er ist somit ideal, um große Distanzen zurückzulegen, ohne daß Pferd und Reiter zu schnell ermüden. Der Jog ist eine völlig entspannte, losgelassene Trabvariante, die nicht mit dem nervösen „Zackeln“ zu verwechseln ist, welches nervöse Pferde gerne an Stelle eines sauberen Schritts an den Tag legen.

Das Leichttraben

Das Leichttraben sollte zunächst an der Longe trainiert werden.
Beim Leichttraben hebt man bei jedem zweiten Schritt im Takt des Pferdes den Oberkörper und das Gesäß aus dem Sattel, indem man in den Steigbügeln aufsteht. Wenn im Trab in der Bahn das äußere Vorder- und innere Hinterbein vorschwingen, so heben Sie sich in der Bewegung des Pferdes aus dem Sattel, fußt das Vorderbein auf, so sitzen Sie wieder weich in den Sattel ein. Der Oberkörper wird dabei leicht nach vorne gelehnt, damit das Aufstehen aus und Wiedereinsitzen in den Sattel eine weiche, flüssige Bewegung ist. Man steht nur so weit auf, wie es sich aus dem Schwung des Pferdes ergibt. Wird das Pferd im Trab schneller oder langsamer so paßt sich die Bewegung des Reiters dem Tempo an. Die Beine bleiben gerade im Lot zum Becken, die Waden halten leichten Kontakt zum Pferdekörper.
Beim Leichttraben in der Bahn wird stets auf dem inneren Hinterbein getrabt, d. h. Sie heben sich aus dem Sattel, wenn dieses Bein gemeinsam mit dem äußeren Vorderbein vorschwingt. Beim Richtungswechsel (Handwechsel) wird automatisch auch der Fuß gewechselt, auf dem man leichttrabt. So kommt es zu keiner dauerhaften Belastung desselben Beinpaares. Auch im Gelände sollte man den Fuß öfter wechseln.

Haben Anfänger Probleme, aus dem Sattel zu kommen, so liegt es meist daran, daß sie im Stuhlsitz sitzen, d. h. sie haben die Beine zu weit vorne und Gesäß und Oberkörper zu weit hinten im Sattel.

Sitzen auf dem inneren Hinterfuß - Fuß am Boden.

Aufstehen mit der Vorwärtsbewegung des inneren Hinter- und äußeren Vorderbeins.

Fehler: Stuhlsitz, Oberkörper zu weit hinten. Außerdem trabt der Reiter hier auf dem falschen Fuß, er sitzt ein, wenn das äußere Hinterbein am Boden ist.

Fehler: Oberkörper zu weit vorne, dadurch wandern die Schenkel zu weit zurück.

Der Galopp

Der Galopp ist eine Dreitaktgangart, die dem Reiter ein ungleichmäßiges, rollendes Gefühl vermittelt.
Sie sitzen mit geradem Oberkörper, zurückgenommenen Schultern und leicht angespanntem Kreuz, wobei das Becken locker bleibt und mit der Bewegung des Pferdes mitschwingt.
Die Gesäßknochen suchen den tiefsten Punkt des Sattels. Ansonsten sitzen Sie passiv und locker und gehen im Becken locker mit der Bewegung mit. Je ruhiger der Oberkörper dabei ist, desto besser.

Schwungvoller Galopp mit gut untersetzender Hinterhand.

Die Galopphilfen

Anders als beim Schritt und beim Trab muß der Reiter bei der Hilfengebung zum Galopp darauf achten, daß das Pferd auf der richtigen Hand anspringt, also auf der rechten Hand im Rechtsgalopp und auf der linken Hand im Linksgalopp.

Das Pferd muß also so gestellt werden, daß es automatisch im korrekten Galopp anspringt. Der Reiter muß darauf achten, daß im Moment des Angaloppierens die innere Schulter des Pferdes frei nach vorne ausgreifen kann, da der Schwung des Antretens diagonal durch den Pferdekörper verläuft, also von hinten außen nach vorne innen.

Stellen Sie das Pferd zunächst minimal nach innen. Dann führen Sie den äußeren Zügel vom Pferd weg und bewegen die Vorhand durch Druck mit dem inneren Schenkel am Bauchgurt nach außen.

Der äußere Schenkel wird zwei Handbreit hinter dem Bauchgurt angelegt und drückt die Hinterhand nach innen.

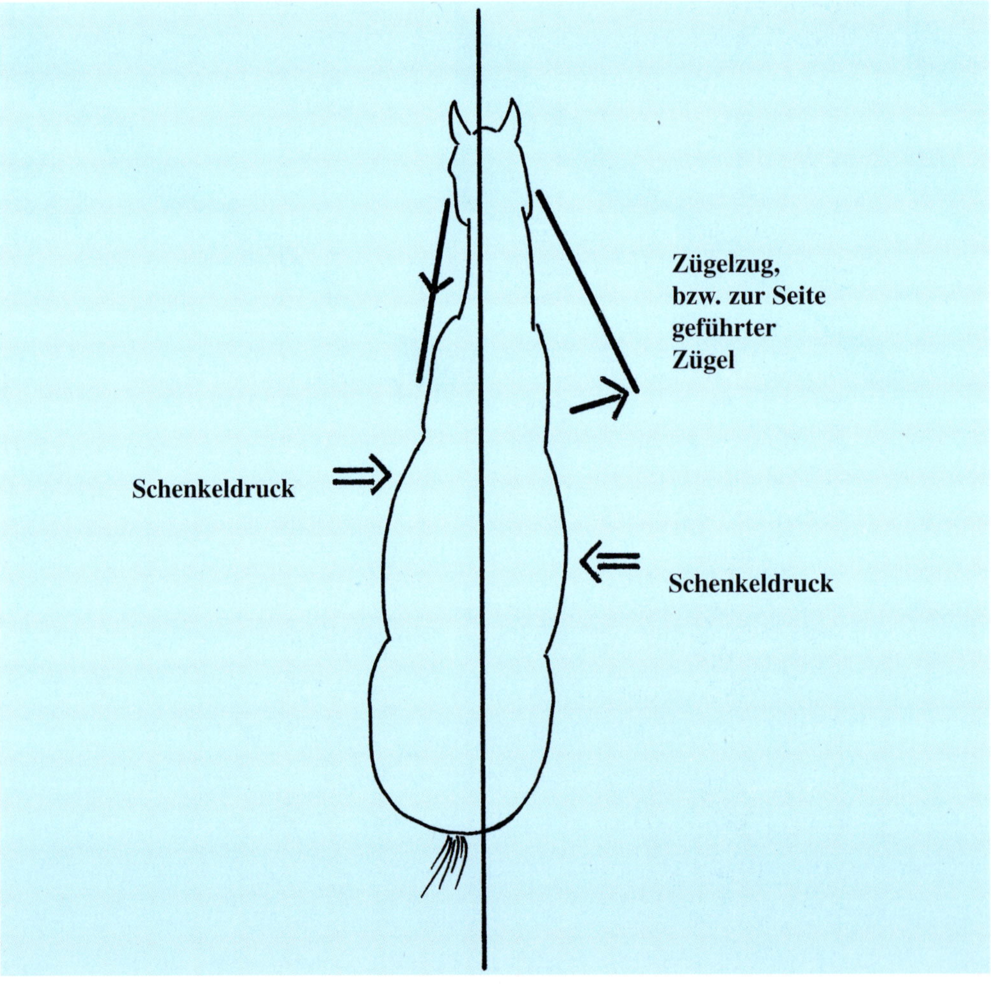

Ist das Pferd dann leicht nach außen gestellt und damit die innere Schulter frei, geben Sie die Zügel etwas nach und erhöhen den äußeren Schenkeldruck. Nun geben Sie das Stimmkommando für Galopp, welches Ihr Pferd bereits vom Longieren her kennt. Lassen Sie dem Kopf des Pferdes nach vorne Luft und versammeln Sie es erst, wenn es sich im Galopp von selbst dafür anbietet.
Die Hilfe für das Angaloppieren ist sowohl aus dem Schritt als auch aus dem Trab die gleiche. Naturgemäß fällt es dem Pferd jedoch leichter, aus dem Trab anzugaloppieren. Es soll sich aber nie angewöhnen, das Tempo im Trab so lange zu steigern, bis es schließlich in den Galopp fällt. Es wird stets aus dem ausgesessenen Trab heraus angaloppiert, nie aus dem Leichttraben.

Das Durchparieren

Auch für die Verlangsamung des Tempos bzw. den Wechsel in die nächstniedrigere Gangart müssen korrekte Hilfen angewandt werden. Sowohl beim Durchparieren als auch beim Anhalten soll das Pferd sein Tempo abbremsen, indem es sein Gewicht auf die Hinterhand verlagert und in der Vorhand leicht wird. Keinesfalls sollte es ruckartig, „stotternd“ mit den Vorderbeinen abbremsen.
Wollen Sie von Galopp in den Trab durchparieren, so nehmen Sie zunächst mit beiden Zügel stärkeren Kontakt zum Pferdemaul auf, üben aber zugleich mehrere Galoppsprünge lang vermehrten Schenkeldruck aus. Dadurch schiebt sich die Hinterhand noch besser unter den Körper. Dann nehmen Sie Ihren Oberkörper leicht zurück und lassen gleichzeitig die Schenkel locker. Sobald das Pferd im Trab läuft, geben Sie die Zügel wieder nach und unterstützen die Trabbewegungen mit leichtem Anlegen der Waden. Wichtig ist, daß Ihr Oberkörper sich sofort auf den anderen Rhythmus einstellt, das Becken locker mitschwingt, und daß Sie mit Ihrem Sitz den Übergang zwischen den Gangarten weich aufnehmen.
Für das Durchparieren vom Trab in den Schritt geben Sie ebenfalls diese Hilfen.
Auch das Durchparieren vom Galopp in den Schritt wird mit diesen Hilfen geritten, der Kontakt zum Pferdemaul bleibt jedoch so lange bestehen, bis sich das Pferd im Schritt befindet. Achten Sie darauf, die Zügel sofort nachzugeben und den Oberkörper wieder gerade zu richten, wenn das Pferd in der gewünschten Gangart läuft, und unterstützen Sie diese Gangart - wenn notwendig - mit den entsprechenden Signalen.

Das Anhalten

Die Hilfengebung zum Anhalten ist in allen drei Gangarten gleich. Lediglich die Intensität und Dauer unterscheiden sich. So genügen zum Anhalten aus dem Schritt eine leichte Anlehnung an den Zügel und eine kaum wahrnehmbare Gewichtshilfe, während zum Anhalten aus dem Galopp der Zügeldruck und die Gewichtsverlagerung stärker ausgeprägt sind.
Dieses Durchparieren aus dem Galopp hat noch nichts mit dem Sliding Stop eines ausgebildeten Reiningpferdes zu tun. Beim Sliding Stop rutscht das Pferd mit den Hinterbeinen unter den Körper, während es mit der Vorhand weitertrabt, bis der Schwung abgebremst ist, und das Pferd bis zum Stillstand „slided“ (rutscht); im Idealfall geschieht dies ohne Zügelkontakt.

Zum Anhalten wird zunächst beidseitiger Druck im Pferdmaul aufgebaut, während die Schenkel das Pferd noch in der Bewegung vorwärts drücken. Dann wird der Oberkörper mit angespannter Bauchmuskulatur leicht nach hinten gelehnt, wobei das Becken

nicht mehr mit der Bewegung mitschwingt, sondern nach hinten abgekippt und tief und schwer in den Sattel gedrückt wird. Diese Hilfen werden durch ein Stimmkommando unterstützt, welches das Pferd idealerweise schon beim Longieren gelernt hat.
Erst, wenn Ihr Pferd absolut ruhig steht, werden die Zügel nachgegeben.

Das Becken in normaler Sitzposition.

Das abgekippte Becken.

So sieht dann das ganze Anhalten aus.

Das Rückwärtsrichten

Wie bei der Erläuterung der Gangarten schon erwähnt, hat das Rückwärtsrichten beim Training jedes westerngerittenen Pferdes eine große Bedeutung.

Das korrekte, flüssige Rückwärtsrichten unterstützt die Versammlung des Pferdes und fördert das ausbalancierte, vermehrte Untertreten der Hinterbeine unter den Körper. Außerdem stärkt es Rücken und Hinterhand des Pferdes.

Vor dem Rückwärtsrichten muß das Pferd gerade und im Gleichgewicht stehen.

Mit aufgerichtetem Rücken und leicht nach hinten abgekipptem Becken sitzen Sie nun schwer im tiefsten Punkt des Sattels ein, wobei der Oberkörper leicht nach hinten gelehnt wird. Dabei nehmen Sie leichten Kontakt zum Pferdemaul auf und üben mit beiden Schenkeln gleichmäßigen Druck aus *(siehe Bild unten)*.

Das Pferd wird auf diese Weise zwar mit dem Schenkeldruck nach vorne getrieben, aber durch die anstehenden Zügel begrenzt. Also weicht es nach hinten aus. Sobald es dies tut, lassen Sie den Zügeldruck etwas nach, geben aber weiter Schenkeldruck. Weicht Ihr Pferd nicht flüssig nach hinten, so können Sie vermehrt an einem Zügel zupfen - der andere bleibt jedoch in verwahrendem Kontakt. Nach einigen Schritten geben Sie die Zügel ganz nach, setzen sich wieder aufrecht in den Sattel und halten somit das Pferd an.

Beim Rückwärtsrichten ist es wichtig, das Pferd zunächst langsam und mit wenigen Schritten daran zu gewöhnen. Erst allmählich werden Tempo und Distanz gesteigert. Versuchen Sie niemals, Ihr Pferd mit den Zügeln nach hinten zu ziehen, es würde daraufhin nur mit Gegendruck reagieren!

Rückwärtsrichten sollte zwar Bestandteil jeder Trainingseinheit sein, übertreiben Sie es jedoch nicht. Es besteht sonst die Gefahr, daß das Pferd sich angewöhnt, rückwärts zu gehen, um sich Ihren Hilfen zu entziehen, sobald Sie die Zügel annehmen.

Die Lenkung

Kontrolle der Vorhand des Pferdes

Das Longieren mit Dreieckszügel dient am Anfang der Ausbildung dazu, das Pferd auf eine korrekte Biegung einzustellen.

Beherrscht unser Pferd die Lektionen an der Longe ohne Schwierigkeiten, bewegt es sich entspannt und gibt dem Druck des Ausbindezügels willig nach, dann können wir mit der Arbeit unter dem Sattel beginnen.
Der erste Schritt für Reiter und Pferd ist die korrekte Lenkung des Pferdes in jede gewünschte Richtung.

Die Zügelhilfen

Kopf, Hals, Schulter, Vorderbeine und Rumpf bis zum Sattelgurt bilden die Vorhand des Pferdes. Wollen wir das Pferd in eine bestimmte Richtung lenken oder wenden, so wirken wir zunächst auf die Vorhand ein. Dies geschieht durch Zügel-, Schenkel- und Gewichtshilfen des Reiters. Auch das ausgebildete Pferd wird im täglichen Training beidhändig sowohl unter Einwirkung des inneren als auch des äußeren Zügels gelenkt.

In der Biegung unter dem Reiter soll sich die gesamte Vorhand des Pferdes nach innen stellen lassen, nicht nur Kopf und Hals. Hierfür nimmt der Reiter den äußeren Zügel an, bevor er das Pferd mit dem inneren Zügel in die Biegung führt. Durch den angenommenen äußeren Zügel wird das Pferd zuerst geradegestellt, es bildet von Kopf über Hals und Wirbelsäule bis hin zur Schweifrübe eine gerade Linie. Diesen Zügel nennen wir den verwahrenden Zügel. Er hält stets Kontakt zum Pferdemaul und wird angenommen, um das Pferd daran zu hindern, sich eigenmächtig, ohne gewollten Einfluß des Reiters zu biegen bzw. die äußere Schulter nach außen wegzudrücken; unterstützt wird dies durch den anliegenden äußeren Schenkel. Hier ist der äußere Zügel der verwahrende Zügel.

Hier sieht man deutlich, wie die innere Hand herausgeführt wird, um dem Pferd die Richtung zu zeigen, der äußere, verwahrende Zügel aber anliegt, um die Schulter zu kontrollieren (Bild oben und rechte Seite).

Mit dem inneren Zügel zeigen wir dann dem Pferd die gewünschte Richtung an. Hierzu wird die innere Zügelhand zur Seite geführt. Wichtig ist, daß ein seitlicher Zug aufgebaut wird und nicht ein Druck nach hinten. Je nachdem, wie gut das Pferd nachgibt, variiert die Stärke der seitlichen Einwirkung. Bei einem sehr unsensiblen Pferd kann sie durch impulsartiges Zupfen verstärkt werden. Der verwahrende Zügel auf der Außenseite darf jedoch nicht starr positioniert werden. Er gibt - stets Kontakt zum Pferdemaul haltend - so weit nach, wie es für die jeweils angebrachte Biegung des Pferdes notwendig ist (abhängig vom Kreisdurchmesser). Er wird aber auch angenommen, wenn das Pferd beim Lenken den Kopf vermehrt zur Brust nimmt und sich der Zügel dadurch ungewollt lockern würde.

Durch diese beidseitige Zügelhilfe, bestehend aus dem angenommenen, verwahrenden äußeren Zügel und dem führenden inneren Zügel wird die Vorhand stabilisiert, Schulter und Vorderbeine folgen Kopf und Hals unmittelbar in die Biegung.

Beim Lenken der Vorhand kommt es darauf an, daß die gesamte Vorhand zur Seite gebracht wird.

Ein häufig zu beobachtender Fehler ist die ausschließliche Anlehnung und Biegung am inneren Zügel. Dies bewirkt, daß das Pferd zwar Kopf und Hals stark nach innen stellt, die Schulterpartie jedoch gerade bleibt und die Vorderbeine „über die Biegung" hinauslaufen. Der Hals ist zu stark gebogen und behindert so die Beweglichkeit der inneren Schulter und der Vorderbeine mit der Folge, daß das Pferd mit der Schulter nach außen fällt und erst verspätet auf die Lenkung reagiert.

Die beidseitige Anlehnung an den Zügel bereitet das Pferd optimal auf das spätere „Neck-Reining", das einhändige Lenken des Pferdes durch Annehmen und -legen des äußeren Zügels an den Hals, vor.

Die Gewichtshilfe zur Unterstützung der Lenkung

Die Gewichtshilfe ist eine impulsartige Verlagerung des Reitergewichtes zu jener Seite, in die der Reiter sein Pferd lenken möchte. Sie wird durch verstärktes Austreten des Steigbügels gegeben. Das Bein bleibt dabei im Lot, und der Oberkörper des Reiters neigt sich nur minimal in die entsprechende Richtung. Auf keinen Fall darf der Reiter in der Hüfte oder Taille zur Seite abknicken!

Hilfengebung auf dem unerfahrenen Pferd

Zu Beginn der Ausbildung trägt das unerfahrene Pferd sein Hauptgewicht auf der Vorhand. Um sein Gleichgewicht zu wahren, „läuft" das Pferd jeder Gewichtsverlagerung „nach". Belastet der Reiter z. B. seinen rechten Steigbügel vermehrt, verlagert also sein Gewicht nach rechts, läuft das Pferd automatisch in diese Richtung.

Man sieht schön, wie das Pferd vorne übertritt, um sich auszubalancieren.

Diese natürliche Reaktion muß sich der Reiter für seine spätere Hilfengebung zunutze machen.
Wichtig dabei ist, daß die Gewichtshilfen anfangs sehr kurz sind. Maximal 70 bis 80 Zentimeter Seitwärtstreten unter der Verlagerung des Reitergewichtes sollten gefordert werden, dann setzt sich der Reiter wieder gerade.

Dauert die Gewichtshilfe zu lange an, wird das Pferd unerwünschten Gegendruck aufbauen, um sein Gleichgewicht wiederzuerlangen. D. h., es läuft dann nicht mehr unter das Reitergewicht, sondern belastet verstärkt seine äußere Schulter und „driftet" in der Biegung nach außen ab.

Erst, wenn das Pferd Vertrauen zum Reitergewicht gefaßt hat und nicht mehr mit Gegendruck reagiert, kann die Dauer der Gewichtsverlagerung gesteigert werden.

Die Hilfengebung zur korrekten Lenkung im Überblick

1. Der äußere Zügel wird leicht angenommen und an den Hals gelegt = verwahrender Zügel.

2. Unmittelbar danach wird der innere Zügel zur Seite angenommen, wobei der äußere Schenkel am Pferd anliegt und der innere Steigbügel leicht mit dem Reitergewicht belastet wird.
Der Reiter kippt dabei nicht mit seinem Oberkörper nach innen.

3. Zeigt das Pferd keine Reaktion, wird der seitliche Zug am inneren Zügel, die Gewichtsverlagerung sowie der Druck des äußeren Schenkels verstärkt. Versteht das Pferd selbst diese Botschaft nicht, so kann der innere Zügelzug impulsartig ca. jede halbe Sekunde durch leichtes Zupfen weiter angenommen und mit der äußeren Wade durch Klopfen am Pferd treibend eingewirkt werden.

4. Sobald das Pferd auf die Hilfen reagiert und in die gewünschte Richtung läuft, gibt der Reiter zur Belohnung die Zügel nach und läßt das Pferd wieder geradeaus gehen.

Im Gelände beim Slalom um Bäume läßt sich das Lenken gut üben. Besonders junge Pferde „sehen hier einen Sinn" in den Biegungen und langweilen sich nicht so schnell.

Richtige Ausführung und Korrektur

Die Einwirkung der Zügel auf beiden Seiten darf nie so stark sein, daß das Pferd in die nächstniedrige Gangart fällt, stehenbleibt oder rückwärts weicht. Das Tempo verändert sich auch in der Biegung nicht!

Durch den angenommenen äußeren und den zur Seite geführten inneren Zügel übt der Reiter Druck auf das Pferdemaul aus, so daß es - wie bei der Longenarbeit gelernt - mit einem Nachgeben des Kopfes in Richtung Brust reagieren wird.

Damit der äußere Zügel nicht durchhängt, mit der Folge, daß das Pferd den Hals zu stark nach innen biegen könnte, muß mit der äußeren Hand der Zügel nachgefaßt werden, damit die Vorhand stabil bleibt.
Wird der äußere Zügel jedoch zu stark verkürzt, besteht die Gefahr, daß das Pferd langsamer wird oder gar anhält.

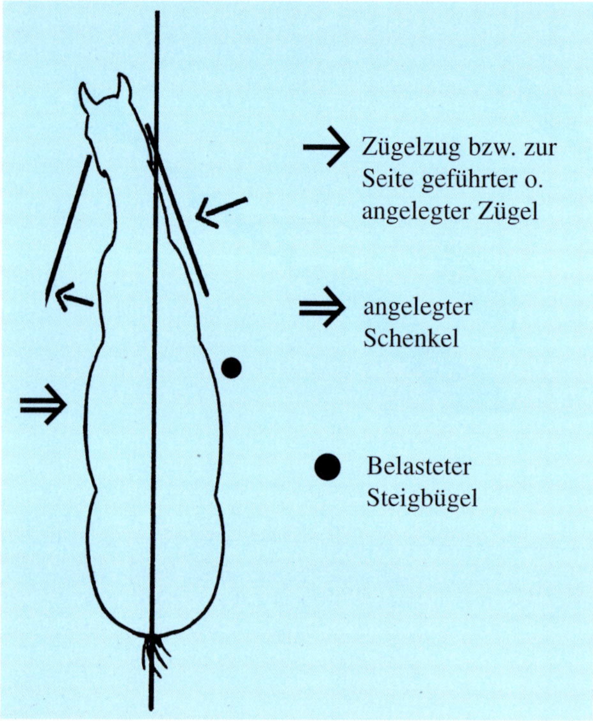

Es ist absolut wichtig, daß äußerer verwahrender und innerer richtungsweisender Zügel ständig miteinander „arbeiten", d.h. aufeinander abgestimmt werden. Es darf nie passieren, daß der innere Zügel zu sehr zieht und das Pferd dadurch im Hals abknickt, ohne die Schulter bzw. die Vorhand mit nach innen zu nehmen. Hier muß sofort der äußere Zügel reagieren und durch vermehrtes Anlegen bzw. Annehmen die Schulter mit nach innen führen und so das „Gleichgewicht" zwischen beiden Zügeln wiederherstellen.

Auch für das Lenken und die damit verbundene Kontrolle der Vorhand gilt: Alle Übungen werden zunächst im Schritt geritten, bis das Pferd diese perfekt beherrscht. Danach folgt das Biegen im Trab und erst, wenn sich das Pferd im Trab ohne Probleme lenken läßt und auf die Hilfen einwandfrei reagiert, folgt die Galopparbeit. Treten Probleme auf, wird erneut in der nächstniedrigen Gangart gearbeitet.

Wenn diese Methode, Ihr Pferd zu lenken, eine Umstellung für Sie und Ihr Pferd bedeutet, so sollten Sie diesen Lektionen viel Zeit widmen, um Ihre Hände sensibel auf die neue Technik umzustellen. Jeder Handgriff muß „sitzen", bevor Sie sich an schwierigere Manöver heranwagen. Besonders Umsteiger, die von der konventionellen Reiterei andere Zügelhilfen kennen, mögen sich über den hohen Stellenwert dieser Lektionen wundern. Da die Kontrolle der Vorhand jedoch nur mit korrekter Hilfengebung zu erreichen und die Basis für alle späteren Lektionen und die Umstellung auf die einhändige Zügelführung ist, trainieren Sie sich und Ihr Pferd, bis die Übungen einwandfrei funktionieren.

Die Übungen

1. Das Quadrat
Sie reiten Quadrate im Wechsel rechts und links herum. Bei der Schrittarbeit sind die Seiten anfangs ca. 20 Meter, später nur noch ca. acht Meter lang. Achten Sie darauf, daß das Pferd nach der Biegung wieder auf gerader Linie weiterläuft.

2. Das Dreieck
Reiten Sie eine Acht mit geraden Seiten, daraus entsteht eine Figur aus zwei Dreiecken, die ineinander übergehen. Der Wechsel von einer Hand auf die andere erfolgt nun fließend. Auch hier sollen die Seitenlängen wieder kontinuierlich verkleinert werden.

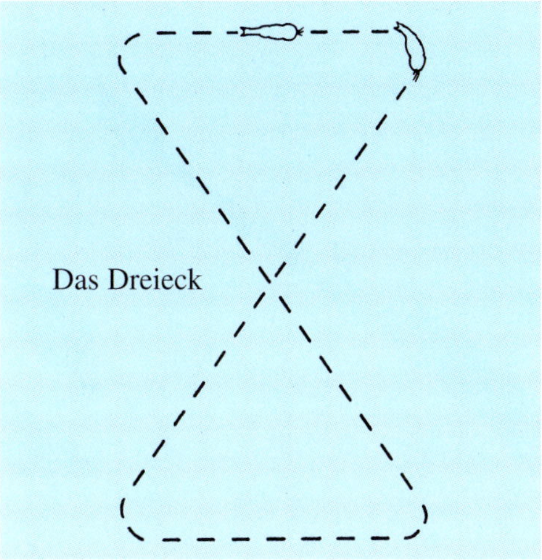

3. Das Sechseck

Das Reiten eines Sechsecks bereitet auf die spätere Arbeit auf dem Zirkel vor. Die Seiten des Sechsecks sollten ca. zehn Meter lang sein, also erfolgt nach jeweils zehn Metern eine leichte Biegung mit sofortiger Geradestellung.

Die Seiten aller Figuren sollten nach einigem Üben im Schritt ca. 8 Meter, im Trab ca. 14 Meter und im Galopp ca. 18 Meter lang sein. Nach jeder gerittenen Figur sollte ein Handwechsel erfolgen, damit das Pferd die Übungen nicht „automatisch" macht (antizipiert). Für den Reiter verbessert ein häufiger Richtungswechsel zudem die Routine in der Hilfengebung.

In der Galopparbeit werden alle Figuren einmal geritten, dann erst erfolgt ein Handwechsel.

Der Zeitrahmen, bis Sie und Ihr Pferd die Kontrolle der Vorhand harmonisch und problemlos beherrschen, variiert je nach Ausbildungsstand.

Deshalb können hier nur Anhaltspunkte gegeben werden; die angegebene Dauer bezieht sich jeweils auf ein junges oder umzustellendes Pferd.

Schrittarbeit: ca. sechs Tage à 20 Minuten,
Trabarbeit: ca. drei Wochen à 15 Minuten,
Galopparbeit: ca. 90 Tage à bis zu 20 Minuten.

Für die Galopparbeit gilt natürlich, daß je nach Kondition des Pferdes bis zu sechs Schrittpausen à drei Minuten eingelegt werden, damit das Pferd nicht überansprucht wird. Dies gilt besonders für junge Pferde!

Die Bahnordnung

Wenn auch in Westernreiter-Kreisen nicht üblich und oft mit der Begründung abgelehnt, „ich habe mein Pferd blitzschnell unter Kontrolle und kann ausweichen", so sollte man sie doch kennen, die geltenden Bahnregeln. Und auch anwenden, besonders, wenn man sich mit Klassisch-Reitern eine Bahn teilt. Auch das ist Horsemanship!

Viele Klassisch-Reiter haben ein ungutes Gefühl vor den ihnen unbekannten, rasanten Manövern und können die zu erwartenden Bewegungen eines Westernreiters nicht einschätzen. Wir sollten darauf Rücksicht nehmen und nicht wie „Cowboys" auftreten. Reitet man ausschließlich mit Westernreitern in der Bahn, so sollte man kurz klären, ob sie die Bahnregeln kennen und sich abstimmen, wer wann Vorfahrt hat.

Ansonsten gelten folgende Regeln:

Vor dem Betreten des Platzes oder der Halle kündigt man sich und sein Pferd mit dem Ruf „Tür frei?" an und wartet auf die Antwort „Tür ist frei!". Jeder weiß dann, daß ein weiteres Pferd in die Bahn kommt und kann sich und sein Pferd darauf vorbereiten. Der Eingang wird dann für den Neuankömmling freigehalten, und er kann ungehindert eintreten.

Das Auf- und Absitzen findet in der Mitte eines Zirkels statt. So wird der Hufschlag (die Spur, auf der geritten wird) nicht blockiert. Es gibt mehrere Hufschläge: Der „erste“ Hufschlag führt außen an der Wand (Bande) entlang, der „zweite“ ungefähr einen Meter weiter innen. Auf dem ersten Hufschlag werden Trab und Galopp geritten, der zweite wird für Schrittarbeit und Anhalten genutzt. So kommen sich schnelle und langsame Reiter nicht in die Quere.

Befindet sich ein Reiter „auf der rechten Hand“, so zeigt seine rechte Seite nach innen; reitet er auf der „linken Hand“, so zeigt seine linke Seite nach innen.

Begegnen sich zwei Reiter, so weicht jeder nach rechts aus, d. h. ihre rechten Seiten sind außen, während die linken Seiten einander zugewandt sind.

Reiter, die sich auf dem Hufschlag befinden, haben immer Vorfahrt, während die Reiter, die einen Zirkel reiten oder die Hand wechseln, ausweichen müssen.

Dies sind die Grundregeln, die in jeder Reitbahn gelten. Als Anfänger oder Geländereiter ist es wichtig, sich die dazugehörigen Begriffe einzuprägen, denn sie sind die Basis zum Verständnis der Kommandos, die der Reitlehrer erteilt.

Die Versammlung

Wie eingangs bereits erwähnt spielt die Versammlung des Pferdes auch beim Westernreiten eine entscheidende Rolle. Versammelt werden muß ein Pferd besonders dann, wenn es nicht in der Lage ist, von Natur aus im Gleichgewicht zu gehen und „auseinanderfällt", d. h. mit den Hinterbeinen nicht genügend unter seinem Körper läuft.

Außerdem wird ein Pferd immer dann versammelt, wenn es für eine neue Aufgabe (Wechsel der Gangart, Galoppwechsel etc.) vorbereitet werden soll und seine vermehrte Aufmerksamkeit erwünscht ist.

Wann läuft ein Pferd versammelt?

Eine ausreichende Versammlung ist erreicht, wenn das Pferd 50 Prozent seines Körpergewichtes auf der Vor- und 50 Prozent auf der Hinterhand trägt. Da - wie schon erwähnt - die Vorhand durch Hals und Kopf mit 60 Prozent des Körpergewichtes schwerer ist, ist das Pferd von Natur aus vorlastig und muß dementsprechend durch die Versammlung unter dem Reiter gymnastiziert werden, damit es im Gleichgewicht läuft.

Wie erreiche ich, daß mein Pferd im Gleichgewicht läuft?

Das Pferd hat bereits gelernt, bei angenommenem Zügel im Genick nachzugeben und auf treibende Schenkelhilfen mit vermehrtem Vorwärts-/Untertreten der Hinterbeine zu reagieren.

Sie sitzen für die Versammlung tief in den Sattel ein und nehmen die Zügel an, bis das Pferd im Genick nachgibt.
Der Oberkörper leicht zurückgeneigt, die Muskulatur des Beckens und des unteren Rückens ist locker; dadurch wird das Becken beweglicher, während Arme und Hände stabil bleiben. Damit das Pferd verstärkt mit den Hinterbeinen unter seinen Körper tritt, treiben Sie mit beiden Waden, während die Zügelhände das Pferd nach vorne hin begrenzen. Durch das vermehrte Untertreten und die Begrenzung nach vorne verlagert das Pferd mehr Gewicht auf die Hinterhand und läuft im Gleichgewicht.

Die Kontrolle der Hinterhand - Schenkelhilfen

Die Lenkung und Kontrolle der Vorhand geschieht - wie wir nun gelernt haben - durch den seitlich lenkenden sowie den verwahrenden äußeren Zügel. Neben der Kontrolle über die Vorhand ist es für den Reiter ebenso wichtig, mit entsprechender Hilfengebung auf die Hinterhand einwirken zu können.
Vor- und Hinterhand sind durch die Wirbelsäule, die sich bis zu einem gewissen Grad seitlich biegen kann, miteinander verbunden. Je nach Gymnastizierung des Pferdes wird die Biegung der Wirbelsäule ab einer

bestimmten Intensität für das Pferd unangenehm. Durch Biegeübungen soll eine möglichst gute Gymnastizierung erreicht werden; hierfür ist es wichtig, daß nicht nur die Vorhand, sondern auch Mittelhand (der Rumpf) und Hinterhand miteinbezogen werden.

In allen drei Gangarten versammelt laufendes Pferd. Nachgiebig im Genick und weit mit der Hinterhand unter dem Körper.

Erste Übung

Die erste Übung soll Ihnen das Grundprinzip der Hinterhandkontrolle verdeutlichen. Hierzu ist es hilfreich zu wissen, daß die Vorhand mit ca. 60 bis 65 Prozent des Körpergewichtes des Pferdes deutlich schwerer ist als die Hinterhand und somit das Pferd den Rest seines Körpers stets an der Vorhand ausrichten wird.

Sie sitzen auf dem Pferd und halten es in gerader Stellung an. Im Stehen stellen Sie mit dem rechten Zügel den Hals des Pferdes zur Seite. Je weiter das Pferd den Hals biegt, desto größer wird die Spannung auf die Wirbelsäule. Für das Pferd wird der wachsende Druck auf die Wirbelsäule ab einem bestimmten Grad der Biegung so unangenehm, daß es diesem entgehen möchte. Es wird versuchen, seine Wirbelsäule wieder geradezurichten. Da Sie jedoch weiterhin mit dem rechten Zügel den Hals gebogen halten und die Hinterhand deutlich leichter ist als die Vorhand, geht das Pferd den Weg des geringsten Widerstandes und weicht mit der Hinterhand nach links aus, bis seine Wirbelsäule wieder gerade ist.

Biegen Sie den Hals des Pferdes nach links, so wird es mit der Hinterhand nach rechts weichen.

Zur Verstärkung der Hilfengebung durch die Hand wird der innere Schenkel eingesetzt („innen“ und „außen“ hat nicht zwangsläufig etwas mit Ihrer Position in der Reitbahn zu tun. Wenn hier von innerem und äußerem Schenkel die Rede ist, so bezieht sich dies auf die Biegung des Pferdes): Gleichzeitig mit der Zügelhilfe übt der innere Schenkel ca. zwei Handbreit hinter dem Gurt Druck auf den Rumpf des Pferdes aus.

Wichtig hierbei ist, daß die biegende Zügelhand und der treibende Schenkel sofort den Druck nachlassen und in die normale Position gehen, wenn das Pferd mit der Hinterhand weicht.
Diese Übung wird oft wiederholt, wobei der Hals kontinuierlich weniger gebogen wird, je früher das Pferd dem treibenden Schenkel weicht.

Man sieht gut, wie das Pferd mit dem rechten Hinterfuß übergreift, um nach links zu treten - sich also gerader macht.

Der andere, nicht unmittelbar aktive Schenkel kontrolliert bei der Hinterhandkontrolle die Körperstellung des Pferdes. Dieser verwahrende Schenkel übt nur dann Druck aus, wenn das Pferd sich nach einer Seite den Hilfen entziehen will und verhindert so, daß Vorder- oder Hinterhand die vom Reiter vorgegebene Stellung ungewollt verlassen.

Nach ca. zwei Wochen wird das Pferd mit geradem Hals nur beim Anlegen des Schenkels mit der Hinterhand weichen.

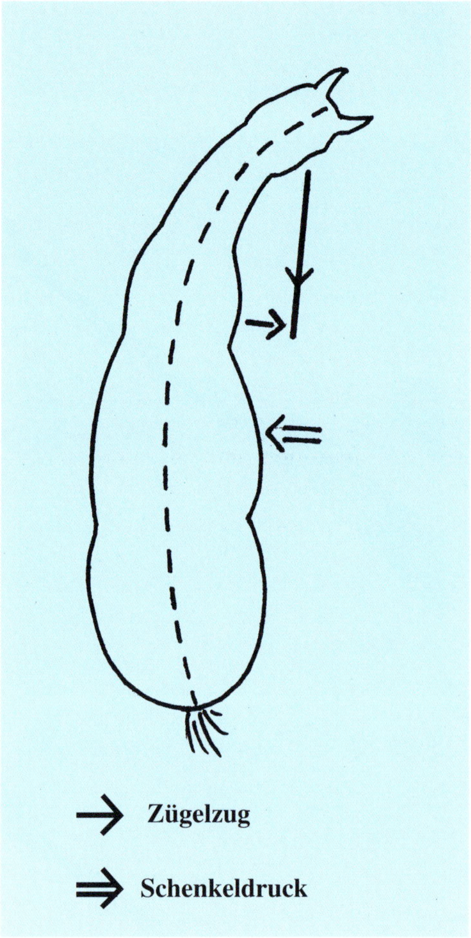

Die Hilfengebung.

Sie sollten diese Übung auf jeder Seite ca. fünfmal durchführen, insgesamt ungefähr zehn Minuten pro Trainingseinheit, wobei Sie dem Pferd zwischen jedem Schenkelweichen eine halbe Minute Pause zur Entspannung gönnen (stehen lassen).

Beherrscht Ihr Pferd diese Basisübung auf leichtes Schenkelanlegen, so können Sie zur Lektion 1 übergehen.

Lektion 1

Schenkelweichen aus dem Zirkel

Sie reiten im Schritt Zirkel mit einem Durchmesser von ca. drei bis vier Metern. Ziel ist es, die Hinterhand des Pferdes so zu beeinflussen, daß diese einen größeren Zirkel beschreibt als die Vorhand.

Hierzu beginnen Sie mit Zirkeln auf der rechten Hand, das Pferd läuft leicht nach innen gebogen genau auf der Zirkellinie. Innerer Zügel und Schenkel (dieser liegt in der Normalposition am Bauchgurt) biegen das Pferd, während der äußere Zügel durch leichten Kontakt zum Pferdemaul und gegebenenfalls Anlegen an den Hals einer zu starken Biegung bzw. einem Ausbrechen der Vorhand nach außen (s. Lenken) vorbeugt. Der äußere Schenkel wird verwahrend oder treibend eingesetzt und begrenzt Brustkorb und damit Schulter und Vorderbeine, damit diese die Zirkellinie einhalten.

Hat Ihr Pferd die gewünschte Ausgangsposition für die Übung erreicht, d. h. es läuft in sauberer Zirkellinie, so nehmen Sie die innere Zügelhand etwas in Richtung Ihres Körpers an, wobei das Pferd nicht nach innen laufen, sondern nur auf der Zirkellinie bleiben soll.
Der innere Schenkel übt nun zwei Handbreit hinter dem Gurt Druck aus und schiebt damit die Hinterhand des Pferdes nach außen.

Die Vorhand beschreibt nun einen kleinen Zirkel, die Hinterhand einen etwas größeren, wobei die inneren Beine das jeweils äußere leicht überkreuzen.

Reagiert Ihr Pferd nicht auf die o. g. Hilfen, so müssen Sie etwas mehr Spannung auf die Zügel bringen und den inneren Zügel verstärkt annehmen. Die Verstärkung des inneren Schenkeldrucks erfolgt durch stärkeres „Klopfen" der Wade, bis das Pferd reagiert. Lassen Sie Ihr Pferd so einen Zirkel lang dem Schenkel weichen.

Am Punkt X, dem Mittelpunkt der Acht, stellen Sie ihr Pferd dann um, also diesmal nach links, und reiten diese Übung anders herum.

Bildreihe: Schenkelweichen aus dem Zirkel

Pferd auf der Zirkellinie biegen.

Vermehrte Innenstellung.

Druck des inneren Schenkels deutlich hinter dem Gurt.

Pferd setzt an, den inneren Hinterfuß nach außen zu kreuzen.

Hier sieht man gut, wie die äußere Hand nach außen geführt wird, um das Pferd zu korrigieren, wenn es in den Zirkel „fallen“ will.

Deutliches Nach-außen-Treten der Hinterhand.

Die Hinterhand läuft einen größeren Kreis - das innere Hinterbein setzt außerhalb der Hufspuren der Vorderhand auf.

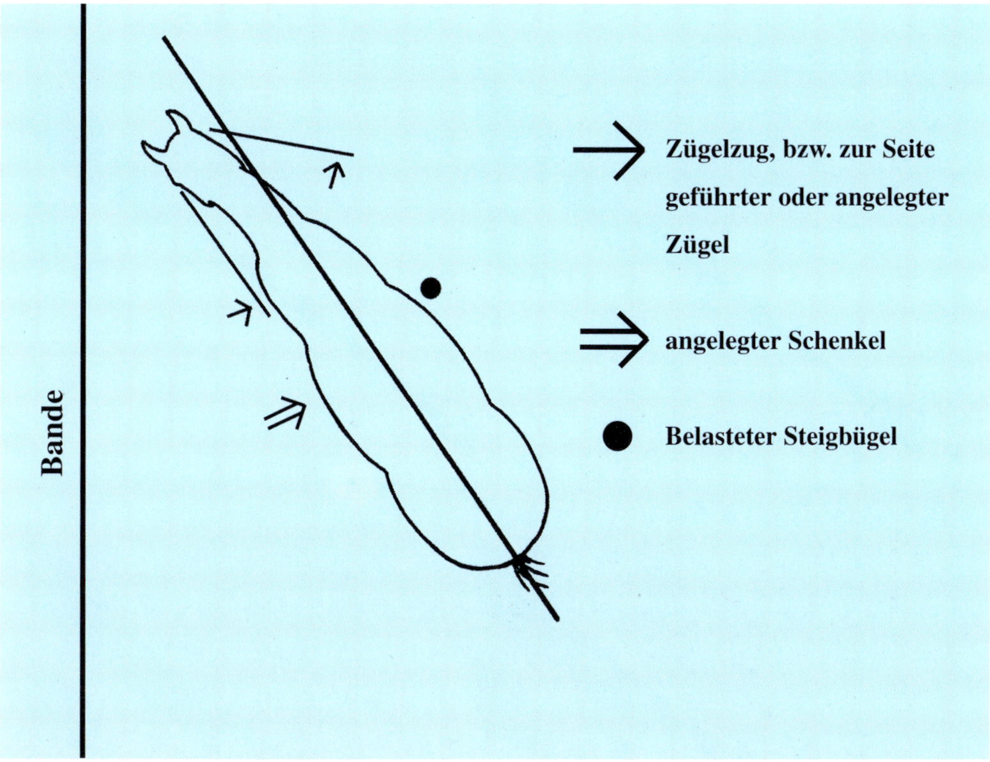

Lektion 2

Ziel dieser Übung ist, das Pferd mit dem Körper im 90-Grad-Winkel zur Außenbande gestellt seitlich weichen zu lassen.
Später kann dieses seitliche Schenkelweichen z. B. über eine Stange geübt werden.

Sie reiten auf der rechten Hand in gerader Stellung ca. zehn Meter geradeaus an der langen Seite der Bande entlang. Dann nehmen Sie mit beiden Händen Kontakt zum Pferdemaul auf, wobei der linke Zügel die Biegung des Pferdes nach außen einleitet und den Kopf zur Bande stellt. Der linke Schenkel drückt hinter dem Sattelgurt, bis der Pferdekörper ungefähr im 30-Grad-Winkel schräg zur Bande steht. Nun wird der rechte Zügel mit ausgestrecktem Arm nach rechts geführt, was ein ungewolltes Abbiegen des Pferdes nach links verhindert. Er weist dem Pferd die Richtung der Bewegung.
Auch hier wird die natürliche Steifheit des Pferdes ausgenutzt. Es versucht, eine übermäßige Biegung des Halses mit Ausweichen der Hinterhand auszugleichen. Der rechte Schenkel liegt in Normalposition locker am Pferd.

Je mehr der linke Zügel angenommen und Druck mit dem linken Schenkel ausgeübt wird, desto größer wird der Winkel, in dem sich das Pferd von der Bande abstellt; anfangs sollte er jedoch nicht mehr als 30 Grad betragen.

Wichtig ist bei dieser Übung die stete Vorwärts-Seitwärts-Bewegung des Pferdes, die Sie mit Stimme und beidseitigem Schenkeldruck forcieren können.
Sollte das Pferd stehenbleiben, so war die Stellung des Kopfes nach außen zur Bande

hin zu stark; also reiten Sie erneut ein Stück geradeaus und beginnen Sie nochmals von vorne.
Um eine zu starke Außenstellung zu verhindern, können Sie den rechten Zügel vermehrt und „zupfend“ einsetzen, die linke Wade kann vermehrt treibend („klopfend“) eingesetzt werden. Verstärkt werden die Hilfen mit der Gewichtsverlagerung auf den rechten Steigbügel.

Ungefähr fünf Meter vor Ende der langen Seite nehmen Sie dann den linken Zügel vermehrt an und drücken die Hinterhand des Pferdes mit dem linken Schenkel zur Bahninnenseite, so daß das Pferd herumschwenkt und in die entgegengesetzte Richtung gestellt ist.

Nach einer kurzen Pause beginnen Sie die Übung auf der linken Hand.

Außenstellung einleiten.

Äußerer Schenkel drückt - Pferd kommt schräg zur Bande.

Das Pferd hat den gewünschten Winkel erreicht.

Herumschwenken der Hinterhand.

Das Pferd steht in der entgegengesetzten Richtung. Hat es die Aufgabe korrekt ausgeführt belohnen wir es mit einer Pause und setzen dann die Übung auf der anderen Hand fort.

Dauer der Lektion

Die Übung wird in jeder Trainingseinheit drei- bis fünfmal pro Seite ausgeführt. Bis das Pferd sie ohne Probleme absolviert, benötigen Sie ca. fünf Tage.

Danach sollte diese Übung je fünf Tage mit 45-, 60-, 75- und 90-Grad-Stellung geritten werden.
Beherrscht das Pferd die Übung im Schritt in der 90-Grad-Stellung einwandfrei, so beginnen Sie erneut mit der 30-Grad-Stellung, diesmal jedoch im Trab, wobei hier die schrittweise Steigerung nur bis 45 Grad erfolgen soll. Im Galopp, mit dem Sie erst beginnen, wenn das Pferd die Übung im Trab problemlos absolviert, ist das Pferd nie weiter als 30 Grad von der Bande abgestellt.

Je besser Ihr Pferd diese Übung beherrscht, desto gerader können Sie es in sich stellen.

Ziel ist es , das Pferd mit gerader Längsachse in allen Winkeln zur Bande seitwärts zu reiten.

Schenkelweichen im Gelände.

Die Vorhandwendung

Die Grundlagen für die Vorhandwendung haben Sie ansatzweise bereits beim Schenkelweichen kennengelernt. Bei dieser Wendung läuft die Hinterhand um die Vorhand herum, wobei die Vorhand auf der Stelle tritt. Voraussetzung ist hierbei, daß das Pferd im Genick locker nachgibt und willig dem Druck des Schenkels weicht.

Lektion

Die Vorbereitung auf die Vorhandwendung ist ähnlich der Lektion 1 „Schenkelweichen".

Sie reiten einen kleinen Zirkel (ca. 3 m Durchmesser) auf der linken Hand. Ihr Pferd läuft versammelt, d. h. bei angenommenem Zügel gibt es im Genick nach. Die rechte, äußere Hand bleibt nun verwahrend stehen, während der Kopf des Pferdes mit dem linken Zügel langsam nach innen gestellt wird. Gleichzeitig baut der linke, innere Schenkel zwei Handbreit hinter dem Sattelgurt langsam Druck auf, bis das Pferd verstärkt nach außen tritt. Daraufhin geben Sie den linken Zügel wieder nach, nehmen den Schenkeldruck weg und reiten in normaler Stellung auf dem Zirkel weiter.

Diese Übung sollten Sie alle 15 Sekunden ca. fünfmal auf jeder Seite wiederholen.

Beherrscht Ihr Pferd diese Lektion, können Sie diese im Stand üben. Sie geben hierzu dieselben Hilfen. Sobald das Pferd mit der Hinterhand zur Seite weicht, geben Sie die Zügel nach und nehmen den Schenkeldruck weg.

Vorbereitung zur Vorhandwendung aus der Bewegung: kleiner Zirkel in Innenstellung.

Pferd vermehrt nach innen stellen, Schenkeldruck innen.

Äußerer, verwahrender Zügel.

Pferd tritt mit dem inneren Hinterbein vor das äußere nach außen. Die Vorderbeine beschreiben nur noch einen minimalen Kreis.

Wichtig ist, daß die Vorhand stehenbleibt, solange Sie Schritt für Schritt die Hinterhand herumdrücken. Bei der Vorhandwendung nach rechts kreuzt das linke Hinterbein des Pferdes über das rechte, die Vorderbeine treten auf der Stelle. Weicht Ihr Pferd auch mit der Vorhand nach rechts aus, so stabilisieren Sie diese mit beiden Zügeln, indem Sie die Zügel annehmen und nach links bewegen.

Zur Vorhandwendung nach links geben Sie diese Hilfen genau spiegelverkehrt.

Bild 1-3
Vorderhandwendung aus dem Stand mit einem weiter ausgebildetem Pferd. Sauberes Vorne-Überkreuzen der Hinterbeine, die Vorderbeine treten auf der Stelle.

Die Hinterhandwendung

Auch die Hinterhandwendung ist eine gelaufene Wendung, wobei das Pferd hier mit der Vorhand um die Hinterhand herumläuft. Das innere Hinterbein ist dabei das Standbein, es dreht sich bei der Wendung auf der Stelle, während das äußere Hinterbein im Takt auf- und abfußt. Das äußere Vorderbein überkreuzt das innere. Wichtig ist, daß der Bewegungsrhythmus gleichmäßig ist und das Pferd nicht um seine Hinterhand herumspringt.

Voraussetzungen für die sauber gerittene Hinterhandwendung sind, daß die Vorhand des Pferdes sich mit entsprechenden Zügelhilfen leicht kontrollieren läßt und daß das Pferd mit gerade gestellter Wirbelsäule den Zügelhilfen - ohne über die äußere Schulter zu fallen - unverzüglich folgt. Außerdem muß es dem angelegten Schenkel weichen können, ohne sich in der Wirbelsäule zu verbiegen. Es läßt sich leicht und mit gut untergesetzter Hinterhand rückwärtsrichten und gibt beidseitigem Zügeldruck willig nach.

Lektion

Auch die Hinterhandwendung wird zunächst aus der Bewegung geritten. Sie befinden sich auf dem Hufschlag, lange Seite, rechte Hand. Lassen Sie das Pferd in Versammlung mit gerader Wirbelsäule Schenkelweichen, so daß es von der Bande in Richtung Bahnmittelpunkt diagonal vorwärts-seitwärts tritt. In dieser Vorwärts-Seitwärts-Bewegung ist das korrekte Überkreuzen der Beine - in unserem Fall des linken Beines vor dem rechten - gesichert. Nun geben Sie mit der linken Wade Schenkeldruck am Sattelgurt, halten das Pferd mit dem linken, verwahrenden Zügel gerade und führen die Vorhand des Pferdes am rechten Zügel mit zur Seite ausgestrecktem Arm nach rechts. Dabei wird der rechte Steigbügel vermehrt belastet. Achten Sie darauf, daß Sie Ihr rechtes Bein nicht nach vorne wegstrecken! Der angenommene linke Zügel sorgt dafür, daß das Pferd sein Gewicht auf das Standbein - in unserem Fall das rechte Hinterbein - verlagert. Wenn Sie diesen Zügel jedoch zu stark annehmen, wird das Pferd nach hinten weichen und die Vorderbeine nicht mehr korrekt überkreuzen!
Die Wendung sollte flüssig geritten werden, ohne daß das Pferd zum Stillstand kommt. Wiederholen Sie diese Übung immer im Wechsel auf der rechten und der linken Hand ca. eine Woche lang täglich 20 Mal.

Es ist dabei möglich, daß das Pferd anfangs nicht auf dem inneren Hinterbein stehenbleibt. Lassen Sie Ihrem Pferd Zeit, sein Gleichgewicht zu finden, dann wird es klappen. Achten Sie darauf, Ihrem Pferd ausbalancierte Zügelhilfen zu geben, d. h. halten Sie mit dem jeweils äußeren, verwahrenden Zügel dem inneren, führenden Zügel gegen und stabilisieren Sie so die Wirbelsäule. Wichtig ist, daß das Pferd immer mit dem äußeren Vorderbein das innere überkreuzt.

Absolviert Ihr Pferd die Hinterhandwendung aus dem Vorwärts-Seitwärts-Weichen flüssig und ohne Probleme, so gehen Sie dazu über, die Wendung aus dem Stand zu trainieren. Die Hilfengebung ändert sich dabei nicht.
Auch aus dem Stand soll der erste Tritt eine Vorwärtsbewegung sein. Nur aus der Vorwärtsbewegung kann das Pferd mit dem äußeren Bein vorne überkreuzen. Haben Sie zuviel Zügelkontakt, wird der erste Tritt eine Rückwärtsbewegung sein, und das Pferd wird mit dem äußeren Bein hinten überkreuzen.

Erster Tritt nach vorne.

Mit deutlichen Hilfen (rechter Arm führt das Pferd in die Wendung, rechter Steigbügel belastet, linker Schenkel drückt) wird die Vorwärtsbewegung des ersten Tritts zur Seite gelenkt.

Hier steht dieser junge Hengst sogar schon auf dem inneren Hinterbein.

Gut zu sehen: Der äußere, am Hals angelegte Zügel, er hält das Pferd gerade.

Deutliches Überkreuzen des äußeren (linken) Vorderbeines.

Schön untergesetzter, innerer Hinterfuß.

Zügel nachgeben - fertig!

Trainingslektionen

Während in den vorangegangenen Kapiteln die grundsätzlichen Übungen zur Rittigkeit und Durchlässigkeit des Pferdes erläutert werden, sollen nun weiterführende Anleitungen und Lektionen für die Umsetzung und Festigung der Dressurelemente Versammlung, Vor- und Hinterhandkontrolle sowie Rückwärtsrichten und Wendungen Schritt für Schritt erklärt werden.

Die folgenden Übungen bilden die Basis für ein dressurmäßig korrekt gerittenes Westernpferd und fördern die Sensibilität gegenüber der Hilfengebung sowie die Gymnastizierung des Pferdes gleichermaßen.
Achten Sie für sich als Reiter darauf, stets den Sitz im Gleichgewicht als Ausgangshaltung für Ihre Hilfengebung einzunehmen, fallen Sie im Sattel weder vor noch hinter die gedachte Senkrechte von Schulter, Hüfte und Fersen, und knicken Sie nicht in der Hüfte ab.
Zu guter Letzt: Atmen Sie gleichmäßig und ruhig durch; das ist die wichtigste Voraussetzung für entspanntes und dennoch effektives Reiten. Seien Sie nicht ungeduldig, wenn eine Übung nicht auf Anhieb klappt. Pferde lernen langsam und durch häufige Wiederholung. Wichtig ist, daß die Übungen stets korrekt ausgeführt werden.
Die Geschwindigkeit spielt dabei keine Rolle! Eine fünfmal sauber ausgeführte Lektion im Schritt bringt mehr als eine im Trab oder Galopp, in der das Pferd verspannt oder hektisch geht.

Die einzelnen Übungen werden immer für eine Seite bzw. Richtung erklärt.
Bedenken Sie, daß die Hilfen beim Richtungswechsel seitenverkehrt gegeben werden müssen!

1. Das Vorwärts-Abwärts-Dehnen

Wir beginnen mit der Versammlung in Außenstellung, da Ihr Pferd hierbei durch die Außenbande begrenzt wird. So verhindern Sie unerwünschtes Abbiegen am stellenden Zügel und lehren Ihr Pferd, trotz Stellung des Kopfes in eine Richtung, geradeaus weiterzulaufen.

Die Übungen werden im Trab ausgeführt, da Sie so die vorhandene Vorwärtsbewegung besser nutzen können. Im Schritt müßte das Pferd zu stark getrieben werden.

Das Vorwärts-Abwärts-Dehnen ist eine Aufwärmübung für das Pferd, bevor es in den eigentlichen Lektionen geritten wird. Ziel ist es, daß das Pferd sich im lockeren Trab entspannt und seine Rückenmuskulatur und Wirbelsäule dehnt, indem es Kopf und Hals vorwärts-abwärts „fallen läßt".

Diese Dehnungshaltung ist ein grundlegender und sinnvoller Teil jeder Reitweise, da sie das gesamte Pferd dazu veranlaßt, sich zu lösen und damit auf die folgende Gymnastizierung und Muskelanspannung vorzubereiten.

Nur ein aufgewärmtes und gelockertes Pferd kann schmerzfrei und entspannt an die Hilfen geritten werden.

Locker und flott vorwärts traben.

Leichte Außenstellung verlangen.

Das Pferd beginnt, sich zu entspannen und trägt den Kopf trotz extremer Außenstellung tief und macht einen gelassenen Eindruck.

Ein/zwei Runden später: Verstärkte Außenstellung verlangen - hier ist der Kopf noch etwas unwillig nach oben gereckt.

Ausführung:

1. Sie lassen Ihr Pferd im Trab auf der rechten Hand ganze Bahn zügig (jedes Pferd in seinem Arbeitstempo) vor wärtsgehen. Das Arbeitstempo unterscheidet sich von Pferd zu Pferd; es soll sich nicht durch Treiben oder Festhalten des Reiters verspannen.
   Dabei traben Sie leicht. Das Pferd geht am langen Zügel und bestimmt sein Tempo selbst. Anfangs wird Ihr Pferd dabei flott vorwärstraben, und erst, wenn es ein gleichmäßiges Tempo gefunden hat, beginnen Sie mit der eigentlichen Übung.

2. An einer langen Seite der Bahn sitzen Sie den Trab aus und stellen Hals und Kopf des Pferdes leicht nach links, indem Sie den linken Zügel annehmen, ohne das Pferd jedoch beim Vorwärtstraben zu behindern. Ihre Schenkel

bleiben dabei in der Grundposition und werden nur bei Bedarf treibend eingesetzt. Am Ende der langen Seite geben Sie den äußeren Zügel wieder nach, traben leicht und lassen das Pferd in gerader Stellung am langen Zügel die drei nächsten Seiten weiterlaufen. Nach wie vor darf das Pferd sein Tempo selbst wählen, soll jedoch nicht angaloppieren!

3. Wiederholen Sie nun diese Übung so lange, bis Ihr Pferd locker und ohne Gegendruck am linken Zügel die eine lange Seite in Außenstellung trabt. Beginnen Sie mit einer Außenstellung von ca. zehn Grad, später sollte der Kopf ca. 30 Grad nach außen gestellt sein.

Nach einigen Runden wird das Pferd seinen Hals Stück für Stück senken und tief tragen. Wenn es dies ca. 20 Meter am Stück tut, dann beginnt es, sich zu entspannen. Nun wechseln Sie auf die linke Hand und reiten diese Übung in Außenstellung nach rechts. Beendet wird die Lektion mit einer fünfminütigen Schrittphase. Arbeiten Sie immer mit viel Ruhe und ohne „unangenehme Zwischenfälle“, die das Pferd durcheinander bringen. **Vermeiden Sie in der Aufwärmphase jeglichen Konflikt, der bei Ihnen oder Ihrem Pferd zu Verspannungen führen könnte.** Nehmen Sie sich Zeit, sich und Ihr Pferd aufzuwärmen, nur dann sind Sie für das weitere Training entspannt und bestens vorbereitet.

Treten Probleme auf?

Ihr Pferd will anhalten oder stellt sich quer zur Außenbande.

Setzen Sie Ihre Unterschenkel treibend ein, und geben Sie Zügelimpulse nach rechts. Vergessen Sie nicht, auch das Schnalzen als treibendes Stimmkommando einzusetzen!
Achtung: Rechte Hand dabei nach rechts führen, nicht nach hinten!
Hat sich das Pferd zu stark verworfen, so stellen Sie es erneut gerade und stellen es langsam wieder nach außen.
Das Pferd darf grundsätzlich nur so weit nach außen gebogen werden, daß der Trab nicht unterbrochen wird.

Ihr Pferd rennt los, sobald Sie den linken Zügel nachgeben.

Lassen Sie es laufen, solange es nicht angaloppiert. Das Schnellerwerden nach der Außenstellung ist eine natürliche Reaktion und ein Zeichen dafür, daß das Pferd sich lockert und versucht, die leichte, durch den äußeren Zügel entstandene Spannung wieder abzubauen, indem es sich „langmacht“ und dadurch natürlich auch schneller wird. Keinesfalls an den Zügeln ziehen!

Das Pferd galoppiert an, wenn Sie die Zügel nachgeben.

Nehmen Sie sofort beide Zügel an, bauen Sie diesen Zug jedoch langsam auf und lassen Sie sofort wieder nach, sobald das Pferd trabt.

Durch diese Lektion hat Ihr Pferd gelernt, beim Annehmen des jeweils äußeren Zügels seinen Hals nach außen zu biegen und dadurch die Muskulatur zu dehnen sowie im Anschluß abwärts nachzugeben. Nehmen Sie nun beide Zügel leicht an, so wird das Pferd mit bereits gelockerter Hals-Nacken-Partie nach vorne-abwärts nachgeben. In dieser Stellung rundet sich der gesamte Pferderücken, wölbt sich nach oben und ist vor Verspannungen geschützt. Zusätzlich hebt sich die Bauchmuskulatur des Pferdes und stützt den Rücken. Es entsteht eine gesunde Spannung im Pferd, die Hinterbeine können vermehrt unter den Schwerpunkt treten.

2. Das Nachgeben-Lassen im Genick

Voraussetzungen für diese Übung sind, daß das Pferd bereits an der Longe gelernt hat, dem Druck des Dreieckszügels nachzugeben und dabei in der gewünschten Gangart locker vorwärts zu laufen. Außerdem muß es entspannt in der Vorwärts-Abwärts-Bewegung gehen können.

Ausführung

1. Sie beginnen diese Übung, indem Sie nach dem gleichen Schema wie bei Lektion 1 reiten, bis sich Ihr Pferd auch bei nach außen gestelltem Kopf entspannt abwärts „fallen läßt".

2. Nun nehmen Sie zusätzlich den rechten Zügel leicht an und fordern es damit auf, im Genick nachzugeben und mit der Nase in Richtung Brust abzuknicken.

3. Sobald Sie spüren, daß Ihr Pferd im Genick nachgibt, nehmen Sie den Druck vom rechten Zügel, behalten jedoch die Außenstellung bei.

4. Anfangs muß das Pferd nur für die Dauer eines Schrittes im Genick nachgeben. Am zweiten Tag können es dann bereits drei bis fünf, am dritten Tag fünf bis sieben Schritte und am vierten Tag die gesamte lange Seite sein.

5. Vergessen Sie nicht die „Pausen" auf den verbleibenden drei Bahnseiten, sonst wird sich Ihr Pferd verkrampfen.

6. Wiederholen Sie diesen Vorgang so lange, bis das Pferd bei leicht angenommenem rechten Zügel willig und weich im Genick nachgibt.

7. Trainieren Sie diese Lektion eine Woche lang kontinuierlich, und verlangen Sie nie mehr als eine lange Seite Trab in Außenstellung mit nachgegebenem Genick, da sonst Verspannungen auftreten können.

8. Nach fünf Minuten Schritt reiten Sie diese Übung auf der anderen Hand.

Annehmen des inneren Zügels; noch geht das Pferd dagegen.

Das Pferd gibt zur Brust hin nach.

Die Wirkung der Zügel

Bei diesen Übungen stellt der äußere Zügel das Pferd, während der innere Zügel verwahrend eingesetzt wird, um ein zu starkes Biegen des Halses zu verhindern. Außerdem veranlaßt er das Pferd, im Genick nachzugeben, und trotz Außenstellung dirigiert er das Pferd und lenkt es bei Bedarf geradeaus.

Treten Probleme auf?

Sie bemerken nicht, daß das Pferd im Genick nachgibt und üben zu lange und zu viel Druck mit dem inneren Zügel aus.

Lassen Sie sich von einer weiteren Person, die Ihr Pferd beobachtet, helfen.
Sie sagt Ihnen, wann das Pferd nachgibt, und Sie können dann sofort reagieren und das Pferd mit nachgebendem Zügel belohnen. Außerdem bekommen Sie so das Gespür, wie es sich anfühlt, wenn das Pferd im Genick nachgibt.

3. Versammlung in Innenstellung

Ihr Pferd beherrscht nun die ersten beiden Lektionen: Es gibt mit zur Seite gestelltem Kopf weich im Genick nach und läuft dabei geradeaus flüssig im Trab vorwärts.

Es akzeptiert dabei sowohl den nach der einen Seite stellenden Zügel als auch den geradeaus lenkenden und das Nachgeben fördernden Zügel.

Ausführung

1. Zunächst reiten Sie Lektion 1, dann Lektion 2 mehrere Male, bis Ihr Pferd locker vorwärts-abwärts läuft und im Genick nachgibt.

2. Dann wechseln Sie die Hand. Statt das Pferd nach außen zu stellen, biegen Sie nun Hals und Kopf mit dem inneren Zügel zur Bahnmitte.
   Der äußere Zügel sorgt dafür, daß das Pferd nicht abbiegt, indem Sie ihn mit gestrecktem Arm zur Seite führen (s. auch Vorhandkontrolle). Außerdem veranlassen kurze Impulse am äußeren Zügel das Pferd, im Genick nachzugeben.

3. Durch Druck mit dem inneren Schenkel am Bauchgurt und vermehrter Gewichtsverlagerung in den äußeren

Steigbügeln sorgen Sie dafür, daß das Pferd den Hufschlag nicht verläßt. Nach dieser Korrektur sollten Sie wieder im Gleichgewicht sitzen.

4. Auch bei dieser Übung wird das Pferd stets eine lange Seite lang gestellt, danach trabt es am hingegebenen Zügel drei Seiten entspannt vorwärts.

5. Wiederholen Sie diese Lektion etwa eine Woche lang auf jeder Hand ca. zehnmal pro Trainingseinheit.

6. Beherrscht Ihr Pferd diese Übung, so kann es auch die kurzen Seiten, später ganze Zirkel in Innenstellung durch das Genick geritten werden.

Diese Übungen sind die Grundlagen zur korrekten Versammlung des Pferdes.

Wenn das Pferd mit nachgebendem Genick vermehrt mit beiden Schenkeln getrieben wird, so tritt es mit den Hinterbeinen weiter unter seinen Schwerpunkt und richtet daraufhin die Vorhand auf, wobei der Rücken und Hals einen nach oben gerundeten Bogen darstellen.

Man sieht gut, wie hier die äußere Hand nach außen geführt wird und der äußere Steigbügel belastet ist, damit das Pferd nicht nach innen abbiegt.

Hier zwei Bilder, die das Ergebnis dieser Übung zeigen.

Bild 1 zeigt das dressurmäßig versammelte Pferd - man beachte den leichten Zügel.

Bild 2 - auch diesmal geht das Pferd versammelt - es trägt sich gut und trabt locker mit gut untergesetzter Hinterhand.

4. Sauber gerittene Zirkel

Sauber gerittene Zirkel machen einen wichtigen Teil im Training eines Westernpferdes aus. Die versammelnden Lektionen haben Ihr Pferd auf korrekte Stellung und weiches Nachgeben im Genick vorbereitet. Außerdem sollte es Schenkelweichen im Schritt und Trab beherrschen und sich einwandfrei auch mit Gewichtshilfen lenken lassen.

Die Problematik

Zirkel ist nicht gleich Zirkel, und damit diese nicht wie Eier aussehen, müssen Sie besonders die Schulter Ihres Pferdes kontrollieren. Es darf weder über die äußere Schulter drängen noch sich über die innere Schulter verwerfen. Weder die Hinter- noch die Vorderhufe dürfen die Zirkellinie verlassen, d. h. die Hinterhufe treten exakt in die Spur der Vorderhufe. Dann ist das Pferd korrekt auf dem Zirkel gebogen.

Die Ausführung

1. Zunächst wird das Pferd in leichter Innenstellung versammelt, der äußere Zügel hält verwahrend dagegen, damit sich das Pferd nicht stärker als ca. 15 Grad nach innen biegt.
   Je kleiner die Zirkel, desto stärker ist die Biegung, die das Pferd eingehen muß.

2. Die Schenkel liegen verwahrend am Pferd und treiben bei Bedarf beidseitig. Solange Ihr Pferd die Zirkellinie nicht verläßt, bleiben die Beine jedoch passiv.

Fällt Ihr Pferd nach innen und kürzt damit den Zirkel ab, so setzen Sie folgende Hilfen korrigierend ein:

1. Sie stellen Ihr Pferd nach wie vor an den inneren Zügel.

2. Den äußeren - bislang verwahrenden Zügel - führen Sie mit ausgestrecktem Arm zur Seite und verstärken diese Maßnahme bei Bedarf mit zupfenden Impulsen.

3. Dabei belasten Sie den äußeren Steigbügel vermehrt mit Gewicht.

4. Gleichzeitig drückt der innere Schenkel am Bauchgurt, bis das Pferd wieder die gewünschte Zirkellinie erreicht hat; reagiert Ihr Pferd nicht auf den Druck, so kann der Unterschenkel auch gegen den Rumpf „klopfen“.

5. Die korrigierenden Hilfen dauern nur so lange an, bis das Pferd wieder auf der gewünschten Zirkellinie läuft und setzen erneut ein, wenn es diese wieder verläßt.

Drängt Ihr Pferd von der Zirkellinie über die äußere Schulter, dann korrigieren Sie es wie folgt:

1. Der äußere, verwahrende Zügel bleibt angenommen.

2. Führen Sie nun den inneren Zügel mit ausgestrecktem Arm zur Seite.

3. Gleichzeitig belasten Sie vermehrt den inneren Steigbügel und geben mit dem äußeren Schenkel Druck am Bauchgurt.

4. Reagiert Ihr Pferd nicht auf die leichten Hilfen, so kann der innere Zügel impulsartig zupfen, bzw. der äußere Unterschenkel am Rumpf „klopfen“. Der äußere Zügel muß ausgleichend angenommen werden, damit sich das Pferd nicht zu weit nach innen biegt.

Das Pferd trabt gut versammelt in leichter Innenstellung.

Hier korrigiert der Reiter, da das Pferd nach außen drängt (oft haben Pferde die Tendenz an der Bande zu kleben und verlassen den Hufschlag nicht gerne, um auf den Zirkel abzubiegen). Der äußere Zügel liegt gegen den Hals an, der innere wird gezupft.

Hier trabt das Pferd gut auf dem Zirkel - beide Zügel sind passiv.

Hier wieder eine Korrektur der Schulter durch den angelegten, äußeren Zügel.

5. Seitwärtsgänge - Schenkelweichen über eine Stange

Seitwärtstreten über Stangen oder andere Hindernisse sind sowohl der Gymnastizierung als auch dem Gehorsam und der Aufmerksamkeit Ihres Pferdes dienlich. Zudem bereiten diese kleinen „Trailübungen“ auf natürliche Hindernisse im Gelände vor. Natürlich kann man nicht alle Situationen, die in freier Natur auftauchen können, in der Halle oder auf dem Reitplatz simulieren. Dennoch stärken Sie damit das Vertrauen und die Konzentration des Pferdes. Pferde, die viele Dinge auf dem Reitplatz kennengelernt haben, lassen sich im Gelände nicht so leicht aus der Ruhe bringen, und dies kann Sie wiederum vor gefährlichen Situationen schützen. Außerdem sind kleine Trailübungen sinnvolle Abwechslung im täglichen Training und machen Spaß.

Ausführung

Sie wollen nun Ihr Pferd seitwärts über eine Stange nach links weichen lassen.

1. Stellen Sie Ihr Pferd vor die am Boden liegende Stange, ungefähr auf einer Höhe von 50 Zentimeter zum linken Stangenende.

2. Nun reiten Sie so weit vorwärts, daß die Vorderbeine auf der einen, die Hinterbeine auf der anderen Seite der Stange zum Stehen kommen und halten an.

3. Die natürliche Reaktion des Pferdes ist, die ungewohnte Stellung mit einer Stange „unter“ sich, so schnell wie möglich zu verlassen.

4. Damit es nicht nach vorne wegläuft, nehmen Sie beide Zügel an.

5. Nun stellen Sie den Kopf leicht nach rechts, während der linke Zügel mit ausgestrecktem Arm zur Seite geführt wird. Diese Zügelhilfe beeinflußt die Vorhand so, daß Ihr Pferd den ersten Schritt mit dieser nach links ausführt, indem es das rechte Vorderbein vor dem linken überkreuzt.

6. Damit die Hinterhand folgt, bauen Sie mit Ihrem rechten Schenkel zwei Handbreit hinter dem Sattelgurt langsam so viel Druck auf, bis auch die Hinterbeine sich überkreuzen.

7. Das Pferd sollte bei dieser Übung stetig, jedoch ohne hektisch zu werden, bis zum Stangenende nach links weichen. Die Hilfen dauern so lange an.

8. Die Distanz, die Ihr Pferd „über“ der Stange seitlich weicht, können Sie Tag für Tag verlängern, bis es schließlich ohne Probleme die gesamte Stangenlänge problemlos weicht, ohne nach vorne oder hinten auszubrechen.

Bei dieser Übung ist es besonders wichtig, in Ruhe Schritt für Schritt vorzugehen. Keinesfalls sollte das Pferd hektisch oder selbständig an der Stange arbeiten. Das könnte dazu führen, daß es nach vorne oder hinten wegspringt oder die Beine nicht vorschriftsmäßig kreuzt. Wann immer Ihr Pferd die Stange berührt, sollten Sie eine kurze Pause einlegen, vorsichtig die Stellung zu Stange korrigieren und dann erst fortfahren. Gehen Sie auf diese Weise vor, dann wird Ihr Pferd auch bei fremden oder ungewohnten Hindernissen ruhig und gelassen bleiben.

Hat Ihr Pferd Probleme, die Vorder- und Hinterbeine korrekt zu kreuzen, dann gehen Sie zurück zur Lektion Schenkelweichen.

Das Pferd kurz vor dem Ende über die Stange stellen, der natürliche Drang das „Ding" da unter dem Bauch loswerden zu wollen, hilft anfangs sehr. Das Pferd wird der Hilfe, zum näheren Stangenende hin auszuweichen, willig folgen.

Hat das Pferd begriffen, was wir von ihm wollen, so können wir das „Hindernis Stange“ auch von außen angehen. Das ist die Version, wie sie in den meisten Fällen auf dem Turnier verlangt wird. Die Bildfolge 1 bis 6 zeigt sehr schön die Hilfengebung - seitlich führender Zügel und treibender Schenkel, sowie das Vorne-Überkreuzen der Beine.

Bei einem Ausritt finden sich oft Gelegenheiten, das Seitwärtstreten über ein Hindernis zu üben.

6. Mittelhanddrehung im Stangen-Quadrat

Auch die Übungen im Stangen-Viereck schulen die Konzentration, Aufmerksamkeit und Körperbeherrschung des Pferdes. Bei der Mittelhanddrehung dreht sich das Pferd um seine eigene Achse. Der Drehpunkt liegt imaginär senkrecht unterhalb des Bauchgurtes. Bei der Drehung nach links bewegt sich die Vorhand schrittweise nach links, während die Hinterhand schrittweise nach rechts weicht. Ziel dieser Übung ist, das Pferd mit feinster Hilfengebung so zu „dirigieren", daß es nicht in oder über die Stangen hinaus tritt.

Voraussetzung für eine saubere Ausführung dieser Übung ist, daß Ihr Pferd Zügelhilfen annimmt und sowohl die Vor- als auch die Hinterhandwendung beherrscht. Außerdem muß das Pferd sich ruhig zwischen Stangen arbeiten lassen.

Ausführung

Mittelhanddrehung nach links:

1. Reiten Sie Ihr Pferd zunächst ins Stangen-Quadrat, und halten Sie dort an.

2. Nach einer kurzen Pause nehmen Sie den rechten Zügel verwahrend an, so daß das Pferd geradegerichtet ist.

3. Nun führen Sie den linken Zügel mit ausgestrecktem Arm zur Seite und geben gleichzeitig mit dem rechten Schenkel Druck am Bauchgurt, bis die Vorhand sich einen Schritt nach links bewegt hat.
   Die Beine überkreuzen sich dabei wie bei der Hinterhandwendung.

4. Nach einem kurzen Verharren stellen Sie den Kopf des Pferdes etwas nach links, nehmen aber auch mit dem rechten Zügel Kontakt zum Pferdemaul auf, wobei die Hand bis über den Mähnenkamm an den Hals herangeführt wird. Dies verhindert, daß das Pferd beim darauffolgenden Verschieben der Hinterhand die Vorhand mitbewegt. Der rechte Schenkel liegt verwahrend am Gurt.

5. Gleichzeitig drückt der linke Schenkel zwei Handbreit hinter dem Gurt die Hinterhand des Pferdes nach rechts. Nach einem Schritt erfolgt wieder ein kurzes Verharren. Kontrollieren Sie dabei stets die Stellung des Pferdes im Stangen-Quadrat.

6. Diesen Wechsel zwischen Vorhand- und Hinterhandverschiebung wiederholen Sie nun so lange, bis die gewünschte Drehung erreicht ist. Schauen Sie immer wieder, wie die Stangen liegen, damit Sie dementsprechend die Vor- oder Hinterhand mehr oder weniger verschieben.

7. Denken Sie daran, jedesmal, wenn Ihr Pferd an die Stangen stößt, kurz anzuhalten und danach das Pferd vorsichtig zu korrigieren.

2

3

4

5

6

7

8

9

10

11

12

13

14

15

16

Diese Fotoreihe zeigt sehr schön, wie das Pferd Schritt für Schritt durch die Drehung geritten wird. Wichtig sind absolute Ruhe bei der Hilfengebung und der gezielte Hilfeneinsatz. Man muß sich immer im Klaren darüber sein, wo die Beine des Pferdes stehen. Notfalls sollte man nach unten/hinten schauen, um die genaue Beinstellung des Pferdes zu kontrollieren. Das Pferd meistert dieses Hindernis in vorbildlicher Manier, sowohl beim Ein- als auch beim Ausreiten nimmt es den Kopf tief und guckt genau, wo es hintritt.

7. Rückwärtsrichten durch das Stangen-L

Ähnlich wie die Wendungen und Seitengänge kann auch das Rückwärtsrichten zur Abwechslung zwischen Stangen geritten werden. Wenn Sie zwischen zwei parallel liegenden Stangen rückwärtsrichten, bemerken Sie sehr schnell, ob Ihr Pferd auch wirklich gerade nach hinten weicht. Wenn Sie sich zudem noch ein „L" aus vier Stangen zurechtlegen, können Sie die Vorhand- sowie Hinterhandwendung in die Übung mit einbauen. Voraussetzung ist natürlich, daß Ihr Pferd sowohl das Rückwärtsrichten als auch die Vorhand- und Hinterhandwendung bereits kennengelernt hat.

Ausführung

1. Beginnen Sie zunächst mit dem Rückwärtsrichten zwischen zwei Stangen: reiten Sie erst einen Schritt vorwärts hinein.

2. Nach einem kurzen Verharren richten Sie Ihr Pferd um dieselbe Distanz rückwärts aus den Stangen heraus.

3. Steigern Sie von Mal zu Mal die Entfernung, bis Sie Ihr Pferd schließlich eine ganze Stangenlänge rückwärts richten können, ohne daß es über die Stangen hinaustritt.

4. Anfangs können Sie dabei das Pferd nach jedem Schritt rückwärts eine kurze Pause machen lassen.

5. Sollte Ihr Pferd beim Rückwärtsrichten zu nahe an oder gar über die Stangen treten, so müssen Sie die Hinterhand korrigieren:
   Verschiebt Ihr Pferd beispielsweise seine Hinterhand zu stark nach rechts, so stellen Sie Kopf und Hals des Pferdes leicht nach rechts, um die Hinterhand mit Druck des rechten Schenkels wieder nach links zu bringen. Bedenken Sie, daß Ihr Pferd immer bestrebt ist, seine Wirbelsäule gerade zu richten (siehe Lektion „Hinterhandkontrolle")! Natürlich müssen Sie mit dem linken Zügel seitlich gegenhalten, damit Ihr Pferd nicht ungewollt die Vorhand nach rechts verlagert. Kommt die Vorhand zu nahe an die Stange, z. B. nach rechts, so reiten Sie einen Schritt der Hinterhandwendung nach links.

Dieses Prinzip machen Sie sich dann auch beim Rückwärts-Durchreiten der Ecke zunutze. Gehen wir nun davon aus, daß Sie die Ecke durchreiten wollen, indem Sie die Hinterhand nach links wenden.

1. Nachdem Sie eine Stangenlänge rückwärtsgerichtet haben, halten Sie Ihr Pferd so an, daß die Hinterbeine ca. 20 Zentimeter von der im rechten Winkel liegenden Stange entfernt stehen.

2. Mit ausgestrecktem linken Arm und leichtem Kontakt zum Pferdemaul wirken Sie nun verwahrend auf die Vorhand ein, so daß diese nicht nach rechts ausbrechen kann.

3. Gleichzeitig stellen Sie den Kopf des Pferdes mit angenommenem Zügel nach rechts, damit die Hinterhand nach links weicht. Je weiter Sie den Zügel annehmen, desto stärker weichen die Hinterbeine!

4. Unterstützt wird diese Hilfe durch Ihren rechten Schenkel, der langsam zwei Handbreit hinter dem Gurt angelegt wird und das Pferd vorsichtig zur Seite drückt.

5. Nachdem Sie die Hinterhand um einen Schritt verschoben haben, widmen Sie sich der Vorhand: Sie muß nun leicht nach rechts verschoben werden, damit das Pferd wieder gerade zwischen den anderen beiden Stangen steht.

6. Dazu nehmen Sie den linken Zügel an, während Sie mit ausgestrecktem Arm den rechten Zügel zur Seite führen. Gleichzeitig üben Sie mit dem linken Schenkel leichten Druck am Gurt aus.

7. Schritt für Schritt durchreiten Sie nun auf diese Weise rückwärts die Ecke. Danach geht es dann gerade durch die restlichen Stangen.

Turnierfoto vom „Stangen-L“.

8. Durchreiten eines Tores

Das Durchreiten eines Tores darf in keiner Trailprüfung fehlen. Auch wenn Sie nicht vorhaben, sich auf Turnieren zu messen, so sollten Sie diese Übung - falls Ihnen ein geeignetes Tor zur Verfügung steht - durchführen. Sie schult, wie die vorangegangenen Stangen-Lektionen, die Aufmerksamkeit und Sensibilität Ihres Pferdes. Zudem können Sie Ihre Hilfengebung verfeinern.

Ihr Pferd kennt zwischenzeitlich alle Grundlektionen, und Sie haben es idealerweise bereits mehrmals durch das Tor geführt, so daß es mit diesem vertraut ist. Denken Sie daran: Ihre und die Sicherheit des Pferdes stehen immer im Vordergrund!

Das geeignete Tor

Das Tor muß mindestens 2,5 Meter breit sein und so hoch, daß Sie sich nicht zur Seite herunterhängen müssen, um es zu bedienen. Es sollte so stabil sein, daß es nicht umfallen kann, und es darf natürlich keine scharfen Kanten oder ähnliches haben. Wenn Sie das Tor zwischendrin loslassen müssen, so darf es nicht von alleine wieder zufallen. **Das Tor darf nie gegen das Pferd stoßen!**

Ausführung

Grundsätzlich: Legen Sie beim Durchreiten des Tores nach jedem Schritt eine Pause ein.

Es gibt vier Methoden, das Tor zu bewältigen:

1. Sie schieben das Tor zunächst von sich weg und reiten vorwärts hindurch.
2. Sie ziehen das Tor zu sich und reiten vorwärts hindurch.
3. Sie schieben das Tor auf und reiten dabei rückwärts hindurch.
4. Sie ziehen das Tor zu sich heran und reiten rückwärts hindurch.

Vorwärts durchs Tor: 1. Möglichkeit

Verschluß öffnen, am Tor rückwärtsrichten, bis die Nase des Pferdes am Torpfosten vorbei ist. Dann das Tor von sich weg aufschieben. Achtung: beim Herunterbeugen nicht mit dem Schenkel gegen das Pferd drücken, es weicht sonst vom Tor weg. Besser die ganze Zeit mit dem äußeren Schenkel leichten Kontakt bzw. Druck am Bauch halten. Ist das Tor weit genug offen, das Pferd Schritt für Schritt hindurchtreten lassen. Manche Pferde versuchen, der „Enge" durch Vorwärtsstürmen zu entgehen, daher langsam reiten, lieber einmal stehenbleiben. Dann das Pferd so nah wie möglich um die Vorderkante des Tores drehen. Erst drückt der hier rechte Schenkel die Hinterhand herum, sofort danach bringen linker Schenkel und Zügel die Vorderhand und dann das ganze Pferd wieder Richtung Tor.

Vorwärts durchs Tor: 2. Möglichkeit

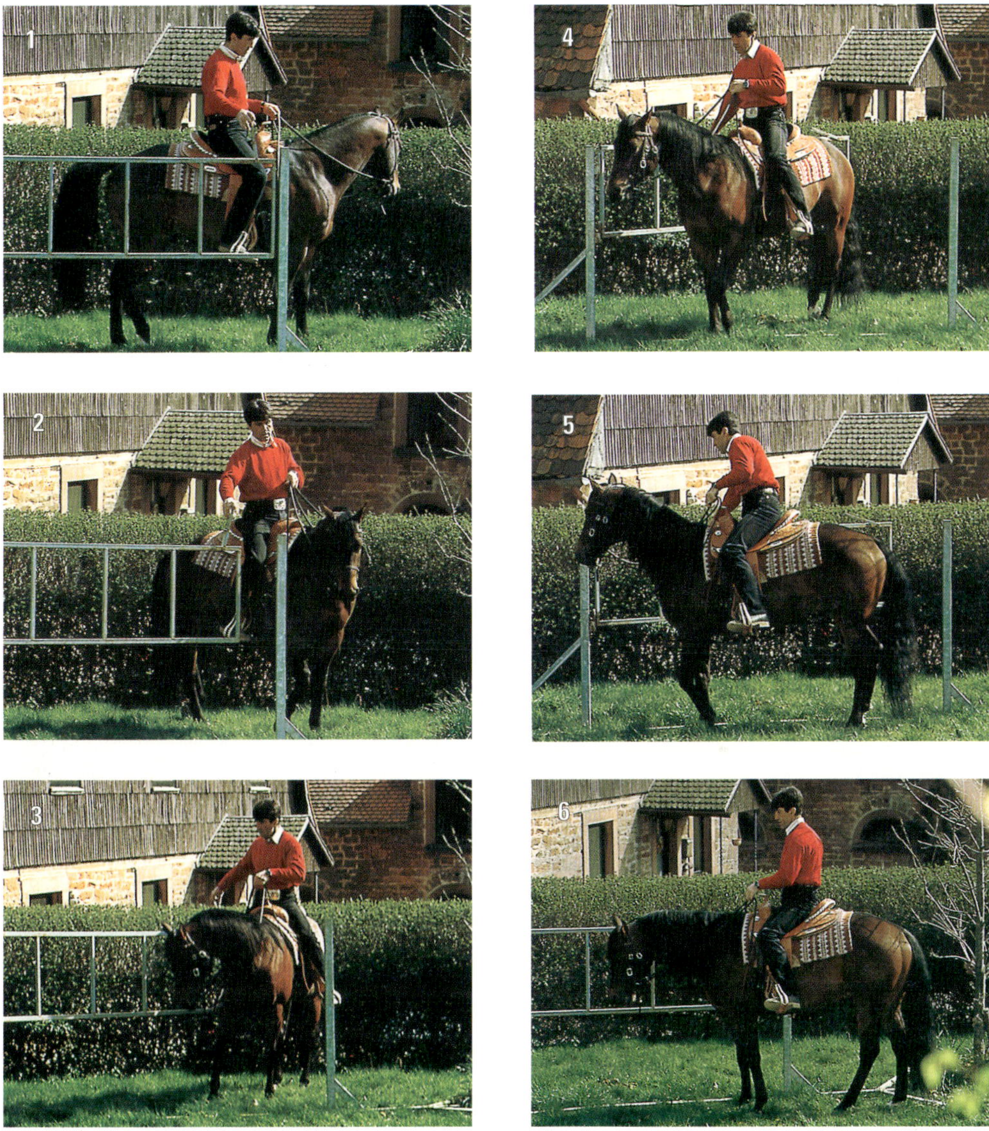

Die schwierige Variante des Vorwärts-durchs-Tor-Reiten. Verschluß öffnen, die Hinterhand mit dem rechten Schenkel herumdrücken und gleichzeitig das Tor zu sich hinziehen. Dabei hält der äußere (linke) Schenkel gegen, um ein Zurückweichen von der Vorderkante des Tores zu verhindern. Wieder Schritt für Schritt vorwärts durchs Tor reiten. An die Angst vor der Enge denken. Die Hinterhand des Pferdes weiter herumdrücken, bis es sich um 180 Grad gedreht hat und wieder parallel zum Tor steht, dabei das Tor vorsichtig heranziehen. Achtung: Oft haben Pferde Angst vor dem „großen Gegenstand“ der sich da von der Seite nähert und wollen von dem auf sie zukommenden Tor wegweichen. Hier sofort mit dem äußeren (linken) Schenkel reagieren. Erst wenn das Pferd ruhig neben dem geschlossenen Tor steht, rückwärtsrichten, um den Verschluß überzulegen.

Rückwärts durchs Tor: 1. Möglichkeit

Im großen und ganzen ist die Hilfengebung bei dieser Art, das Tor zu bewältigen, ähnlich wie bei Fall 1 Vorwärts durchs Tor. Die Problematik Herunterbeugen, Vom-Tor-wegweichen-Wollen und Angst-vor-der-Enge ist hier dieselbe. Was bei Toren mit einem Verbindungssteg auf dem Boden noch zu beachten ist: Wenn Pferde beim Rückwärtstreten gegen ein Hindernis stoßen, wollen sie oft nicht weiter, weil sie nicht gut sehen können, was da liegt (anders als beim Vorwärtsreiten).

Rückwärts durchs Tor: 2. Möglichkeit

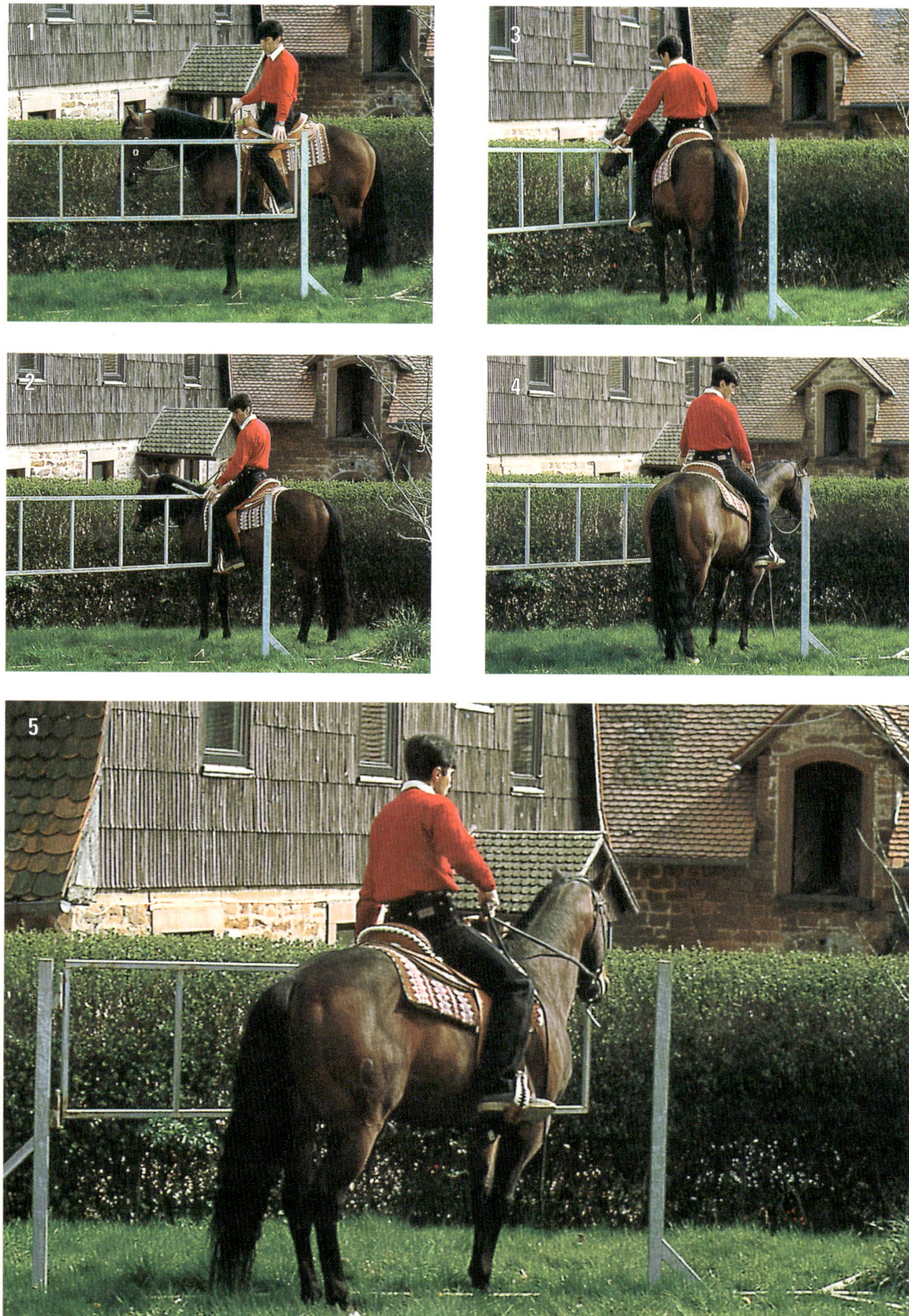

Auch hier ist die Problematik ähnlich wie beim Fall 2 des Vorwärtsreitens, jedoch auch mit der Besonderheit, so viele Tritte rückwärtsrichten zu müssen. Vorteil hier beim Schließen des Tores: Man kann vorwärts zum Verschluß reiten. Beim Fall 2 des Vorwärtsreitens muß rückwärtsgerichtet werden, wobei das Pferd leicht die Tendenz hat, mit der Hinterhand vom Tor weg zu weichen. Das entfällt hier.

9. Wie reite ich an Hindernisse heran, vor denen mein Pferd scheut?

Wir alle kennen diese Szenen: Ein Pferd scheut vor etwas Unbekanntem.
Das kann ein buntes Hindernis auf dem heimischen Reitplatz, aber auch ein geparktes Auto, eine fremde Hofeinfahrt oder ein laufender Traktor im Gelände sein. Versucht man sich mit seinem Pferd dem Hindernis zu nähern, so endet der Kampf oftmals mit Steigen, Rückwärtsrennen oder gar wildem Durchgehen.
Auch das verständnisvolle Absteigen und der Versuch, sein Pferd geduldig in Richtung des Schreckgespenstes zu führen, erweist sich als fragwürdig: Zum einen kann das Pferd sich sehr leicht losreißen oder gar den Reiter umrennen, zum anderen darf das Pferd nicht antizipieren, daß wir jedes Mal absteigen, wenn es mit etwas Neuem konfrontiert wird. Ein ordentlich an die Hilfen gestelltes Pferd ist in einer solchen Situation mit relativ einfachen Methoden zu handhaben:

Gehen wir also davon aus, daß das „Hindernis" links von uns steht.

1. Stellen Sie den Kopf des Pferdes in die entgegengesetzte Richtung, also nach rechts; belasten Sie dabei den linken Steigbügel und üben Sie mit dem rechten Schenkel zwei Hand breit hinter dem Gurt Druck aus. Mit dem äußeren, in unserem Fall linken, Zügel wirken Sie verwahrend ein.

2. Nun reiten Sie in dieser Stellung mehrere Volten, die Sie kontinuierlich durch Schenkelweichen bzw. Lenken nach außen vergrößern.
   Üben Sie dabei so wenig Druck wie möglich aus!

3. Irgendwann stehen Sie direkt neben dem furchteinflößenden Hindernis. Dort machen Sie dann eine Pause.

Hat ein Pferd gelernt, die Reiterhilfen willig anzunehmen und vertraut es dem Reiter hinsichtlich seiner Hilfengebung, so wird Ihr Pferd aller Wahrscheinlichkeit nach problemlos reagieren. Durch die wiederholten Volten am Hindernis vorbei gewöhnt sich Ihr Pferd an das Unbekannte. Machen Sie nicht den Fehler, das Pferd in den Volten mit dem Kopf in Richtung des Hindernisses stellen zu wollen, um ihm das Hindernis zu zeigen: Durch die Linksstellung machen Sie die äußere Schulter des Pferdes frei, und es kann leicht nach rechts ausbrechen. In Rechtsstellung wie oben beschrieben ist dies nicht möglich. Seien Sie bei dieser Übung nicht ungeduldig; ängstliche Pferde können sogar eine halbe oder dreiviertel Stunde in Ruhe durch die Volte geritten werden und sehen dabei das Hindernis im Augenwinkel, bis sie sich schließlich beruhigt haben und vertrauensvoll an das Hindernis heranreiten lassen.
Sind Volten durch die Umgebung nicht möglich, reicht es oft aus, das Pferd mit dem Kopf vom Hindernis wegzustellen und „über die Schulter" an diesem vorbeizureiten. Dabei kommt es der Psyche des Pferdes entgegen, mit der „schlagkräftigen" Hinterhand zur vermeintlichen Gefahr gestellt zu sein. Durch diese gebogene Stellung ist auch ein Ausbrechen über die Schulter vom Hindernis weg nicht möglich.

Scheuen vor einem Hindernis

Springt das Pferd vor einer Gefahr weg, so springt es mit der Vorderhand zuerst nach außen weg - also über die Schulter. Das Pferd wird mit dem Kopf von der Gefahr weggestellt - so wird die Schulter blockiert, über die es gehen möchte. Zusätzlich verhindert der angelegte Schenkel ein Ausbrechen zur Seite.

Schlußwort

Die vorangegangenen Seiten haben die Grundausbildung von Reiter und Pferd erklärt, die zwingend notwendig ist für jegliche weitere Betätigung in der Westernreiterei. Egal, ob Sie mit Ihrem Pferd „nur" durchs Gelände reiten wollen, oder ob es ein Reining- oder Pleasure-Pferd werden soll - eine solide Grundausbildung ist hierfür die Voraussetzung. Dasselbe gilt auch für den Reiter, auch er wird nur Spaß, Erfüllung und Erfolg an der Westernreitweise haben, wenn er den Partner Pferd sowohl physiologisch als auch psychologisch verstanden hat. Die Übungen dieses Buches sind der Grundstein dazu, die Bewegungsabläufe des Pferdes und deren Manipulierbarkeit zu verstehen. Nur ein Reiter, der in der Lage ist, - übertrieben ausgedrückt - jeden Muskel seines Pferdes kontrolliert bewegen zu können, kann dieses Pferd erfolgreich in den höheren Lektionen der Westernreitweise ausbilden und vorstellen. Aber auch für den Ritt ins Gelände ist absolute Körperbeherrschung eine fast lebensnotwendige Grundlage. Oft werde ich von Freizeitreitern gefragt, was diese „Viereck-Reiterei" soll, sie wollten ja „nur" ins Gelände, da genüge doch das, was das Pferd ohnehin schon kann. Wenn da nicht das kleine Problem mit dem Wasser wäre oder mit dem Traktor oder der Kuhherde oder, oder, oder... Da fehlt dann eben doch die solide Grundausbildung. Reiter und Pferd haben nicht gelernt, miteinander zu kommunizieren. Der Reiter weiß nicht, welche Hilfen zur Problemlösung angebracht sind, und das Pferd hat nicht gelernt, diese Hilfen zu verstehen und zu befolgen. Das Pferd ist naturgemäß ein Herdentier, das sich in der Unterordnung sicher und wohl fühlt. Hat es in der Bahn gelernt, den Hilfen des Reiters zu folgen, so wird es sich auch im Gelände gerne diesen Hilfen anvertrauen. All meine Turnierpferde und auch die jungen Nachwuchspferde benehmen sich im Gelände wie „alte Hasen", und gibt es doch einmal eine kleine Unsicherheit, so wird diese schnell mit den gelernten Hilfen überwunden.

Gerade der sogenannte Freizeitreiter sollte besonderen Wert auf eine gute Grundausbildung legen, denn er verbringt seine Freizeit mit dem Pferd, d. h. er sucht Entspannung, Spaß und Erholung und zahlt für diesen Freizeitwert meist viel Geld. Und was ist ärgerlicher als ein verpatztes Freizeiterlebnis, z. B. durch ständigen Kampf mit dem Pferd oder gar Angst vor Scheuen und Buckeln.

Und, nun kommen wir zum zweiten wichtigen Aspekt der Grundausbildung, man will es ja bequem haben. Das Freizeitpferd sollte angenehm zu sitzende Grundgangarten haben, und hierfür sind Versammlung und Gymnastizierung Voraussetzungen. Ein Pferd ist nicht von Natur aus dazu gebaut, einen Reiter zu tragen. Durch gezielte Gymnastizierung und Versammlung bringen wir das Pferd dazu, uns aktiv zu tragen und uns nicht nur auf seinem Rücken zu dulden. Ein sich selbst tragendes Pferd sitzt sich besser, und es „hält" länger. Viele „Buschreiter" unterschätzen die Bedeutung der Versammlung und reiten ihr Pferd „auf der Vorhand" zugrunde. Viele Verschleißerscheinungen der Vorderbeine und des Rückens wären durch gezielte Dressurarbeit vermeidbar gewesen.

Wer also erwartet hat, daß Westernreiten ganz einfach und ohne Arbeit zu erlernen ist, hat sich geirrt. Auch Westernreiten erfordert in all seiner Vielfältigkeit eine solide Grundausbildung.

Der Autor - zur Person

Seit 1980 lebt der gebürtige Libanese George Maschalani in Deutschland. 1987 stieg er ins Westernreiten ein, das er durch seine Lebensgefährting Julia Kaiser kennengelernt hat. Mit dem ersten Turnierstart 1990 auf der QH-Stute Marry for Money schlug auch gleich der Erfolg ein: Er wurde Dritter in der NRHA Futurity Non Pro. Nach Abschluß seiner Buchhändlerlehre stieg er 1991 ins Profilager ein. Seitdem reitet er erfolgreich in allen Sparten der Westernreiterei; er wurde drei Jahre hintereinander Deutscher- und Europa-Meister in Reining, Trail, Pleasure und Western Riding mit selbst ausgebildeten Pferden. Zwei Jahre in Folge wurde er zum EWU-Reiter des Jahres gewählt - sicherlich nicht nur wegen seiner Erfolge, sondern auch aufgrund seiner Beliebtheit bei Kunden und Schülern.

Eine besondere Ehre wurde ihm zuteil, als er 1996 von der AQHA zum AQHA-Richter ernannt wurde. Hierbei muß man wissen, daß es kein Recht ist, nach bestandener Prüfung Richter zu sein, sondern ein Privileg, zu dem man ernannt werden muß!

Seit 1994 betreibt George Maschalani in Erbach im Odenwald einen Trainings- und Verkaufsstall sowie eine QH-Zucht- und Deckstation. Außerdem ist er das ganze Jahr in Sachen Reitkurse quer durch Deutschland unterwegs.